LOS
10 MANDAMIENTOS
DEL MATRIMONIO

LOS 10 MANDAMIENTOS DEL MATRIMONIO

Principios prácticos para que tu matrimonio sea grandioso

ED YOUNG

Publicado por
Unilit
Medley, FL 33166

© 2020 Unilit
Primera edición ampliada y revisada: 2020
Serie Favoritos: 2020

© 2003, 2014 por H. Edwin Young
Título del original en inglés:
The 10 Commandments of Marriage
Publicado por *Moody Publishers*
(*This book was first published in the United States by Moody Publishers, 820 N. LaSalle Blvd., Chicago, IL 60610 with the title* The 10 Commandments of Marriage, *copyright* © 2003, 2014 por H. Edwin Young. Translated by permission. All rights reserved.)

Traducción de la edición revisada y ampliada: *Nancy Pineda*
Diseño de la cubierta: *Digitype Services*

Reservados todos los derechos. Ninguna porción ni parte de esta obra se puede reproducir, ni guardar en un sistema de almacenamiento de información, ni transmitir en ninguna forma por ningún medio (electrónico, mecánico, de fotocopias, grabación, etc.) sin el permiso previo de los editores, excepto en el caso de breves citas contenidas en artículos o reseñas importantes.

A menos que se indique lo contrario, las citas bíblicas se tomaron de *La Biblia de las Américas*®. Copyright © 1986, 1995, 1997 por The Lockman Foundation. Usadas con permiso. www.lbla.org.
Las citas bíblicas seguidas de NVI® son tomadas de la Santa Biblia, Nueva Versión Internacional ®. NVI®
Propiedad literaria © 1999 por Bíblica, Inc.™
Usado con permiso. Reservados todos los derechos mundialmente.
Las citas bíblicas señaladas con RVA se tomaron de la Santa Biblia, Versión Reina Valera Antigua. Dominio público.
Las citas bíblicas señaladas con RVA-2015 se tomaron de la Santa Biblia, *Versión Reina-Valera Actualizada*, © copyright 2015, por la Editorial Mundo Hispano.
Texto bíblico: *Reina-Valera 1960* ® [RV-60] © Sociedades Bíblicas en América Latina, 1960. Renovado © Sociedades Bíblicas Unidas, 1988. *Reina-Valera 1960* ® es una marca registrada de las Sociedades Bíblicas Unidas, y puede ser usada solamente bajo licencia.

Producto: 497176
ISBN: 0-7899-2527-3/978-0-7899-2527-5

Categoría: Vida cristiana / Relaciones / Amor y matrimonio
Category: Christian Living / Relationships / Love and Marriage

Impreso en Colombia
Printed in Colombia

*A mi compañera de pacto, Jo Beth.
Eres el amor de mi vida... ¡en la enfermedad y en la salud!*

CONTENIDO

Prólogo	9
Prefacio	11
Introducción: Diez principios para un matrimonio exitoso	13
1. No serás egoísta	17
2. No tendrás ataduras	41
3. No dejarás de comunicarte nunca	67
4. Harás del conflicto tu aliado	95
5. Evitarás las arenas movedizas del materialismo	121
6. Huirás de la tentación sexual, en línea y de otra manera	137
7. Perdonarás a tu pareja... 490 veces y más	161
8. Mantendrás el romance en tu hogar	185
9. Comenzarás una y otra vez	205
10. Construirás un equipo ganador	225
Un comentario final	245
Reconocimientos	247
Lecturas sugeridas	249
Notas	251

PRÓLOGO

Una manera segura de saber si Dios desea ensanchar el territorio de un pastor (1 Crónicas 4:10) es una valla que sobresale y se rompe por la sobrepoblación del rebaño actual. Tengo el privilegio de residir y servir en la misma ciudad que el pastor Ed Young. Puedo testificar de primera mano que el rebaño que le confió Dios se ha multiplicado, sin lugar a duda, hasta que la cerca del antiguo perímetro de su ministerio inicial, aunque amplia según los estándares de cualquiera, se vino abajo. Una segunda ubicación en Houston ha demostrado ser útil para satisfacer las necesidades de las crecientes congregaciones, pero en cuanto se abrió el nuevo campo, el rebaño superó la valla una vez más.

¿Cuál es el poder de atracción? La obra de Dios a través de la inteligente, ingeniosa y relevante enseñanza que parte del púlpito del Dr. Young. Solo es hora de que este hombre escriba otro libro y ofrezca a un rebaño mucho mayor la ocasión para tomarse un respiro.

También conozco a Jo Beth Young, su esposa. Llámame exigente, pero acepto mucho más rápido un mensaje cuando está respaldado por lo real detrás de la cartelera. Me gusta una persona pública que no se ajuste a su lado privado. Este hombre y su mensaje encajan. Mi esposo, Keith, y yo hemos tenido el placer de conocer en persona al Dr. y a la Sra. Young. Ambos cautivaron mi corazón cuando fueron más atentos con mi esposo que conmigo. No solo tenemos un gran respeto por los Young, también los apreciamos. Sí, Keith y yo hemos estado espiritualmente motivados y conmovidos en el tiempo que pasamos a su lado, pero también nos hemos reído a carcajadas. Sin compromiso. Ese es el tipo de compañía que disfruto.

Podría contarles montones de cosas maravillosas acerca de los Young; cosas que he notado desde lejos y cosas que he presenciado de cerca. Tal vez lo más pertinente en términos de este libro sea que tienen un matrimonio formidable. Sentado a la mesa de un restaurante, no pasarás del aperitivo sin darte cuenta que Ed y Jo Beth Young están enamoradísimos el uno del otro.

Sin duda, han hecho algo que surte efecto. *Los 10 mandamientos del matrimonio* no solo te dicen el qué, sino también el cómo. Tomaron los principios de las Escrituras y tuvieron el valor de ponerlos a prueba en el linóleo adherido a la vida promedio del planeta tierra. La Palabra obró. Dios obró. Y no se equivoquen al respecto, los Young trabajaron.

Dios ha bendecido a este pastor residente en Houston con un rebaño que sobrepasa la cerca. Sí, estoy impresionada con esos números porque sé que la doctrina es sana, pero estoy mucho más impresionada con su conjunto de estadísticas personales: Hijos, nueras y nietos que también se dejaron llevar por el amor de Dios y se plantaron en pastos donde gran número de personas se congrega para escuchar sus mensajes de la Verdad, ya sea hablada o cantada. El Dr. Young y yo, y cualquier otra persona que se atreva a escribir un libro, debemos hacernos unas preguntas vitales: ¿Lo «comprarían» nuestras familias? ¿Lo creerían? ¿Lo confirmarían?

La familia del Dr. Ed Young lo compra. Y esta amiga también. Tú también puedes comprarlo. Sin embargo, no solo cómpralo. Recíbelo. Pon a prueba los principios bíblicos por ti mismo. Dale a Dios un poco de tiempo y cooperación, y tus hijos lo comprarán también. Dios transforma a las familias. Acéptalo de alguien que lo sabe de primera mano. Puedes sacar cualquier vida de un pozo y usar un corazón consagrado para transformar una línea familiar completa. Sé *tú* el indicado.

Estoy muy contenta de que la cerca esté caída. Este es un pastor en el que las ovejas pueden confiar.

BETH MOORE

PREFACIO

Durante la conferencia nacional de la *American Association for Marriage and Family Therapy*, el Dr. Mark Carpol hizo una pregunta que piensa que es el núcleo de toda terapia matrimonial. Sostiene que las parejas que consideran y responden esta pregunta con sinceridad a lo largo de su vida de casados, rara vez necesitarán terapia matrimonial, si es que alguna vez llegan a necesitarla. La pregunta que animó a que se hiciera a sí mismo cada esposo y cada esposa es la siguiente: «¿Cómo es estar casado conmigo?».

¡Esa es una buena pregunta! De ninguna manera es la cura para todos los problemas matrimoniales, pero es un gran recurso para ayudar a las parejas a pensar en formas en que pueden mejorar sus matrimonios y profundizar su intimidad. Creo que si todos los esposos y esposas se formularan esa pregunta y fueran sinceros por completo en sus respuestas, estarían en camino a un matrimonio saludable y creciente.

Cuando me pregunté cómo sería estar casado conmigo, tuve que contemplarme un buen rato en el espejo. Observé aspectos de mi vida que necesitaba cambiar, a la vez que se disparaba mi respeto y admiración por mi esposa, Jo Beth. Esto también dio comienzo a la oración y preparación que condujeron a una serie de sermones y, por último, a este libro.

Mientras preparaba estos mandamientos del matrimonio, tenía dos objetivos en mente: convencer y desafiar. En primer lugar, quiero convencerte de que puedes tener un matrimonio formidable y, luego, quiero desafiarte a hacer todo lo necesario para lograrlo. Estoy seguro de que al responder a la pregunta «¿Cómo es estar casado conmigo?» a la luz de estos diez principios matrimoniales, podrás cumplir esos objetivos.

Por cierto, donde sea que estés en la vida (comprometido, recién casado o casado por muchos años; nunca casado, divorciado o viudo), estos mandamientos matrimoniales son para ti. Te proporcionarán un punto de partida perfecto para un nuevo matrimonio, te ayudarán a renovar un pacto firmado hace mucho tiempo, o te animarán a anticipar y prepararte para una relación futura.

Cada capítulo termina con «Reflexiones sobre tu relación», un conjunto de preguntas para ayudarte a aplicar los principios. Si estás casado, respondan las preguntas por separado; luego, reúnanse y comparen las notas. Si estás anticipando o preparándote para el matrimonio, considera las preguntas a la luz de tus expectativas. Tus respuestas a estas preguntas pueden proporcionar un estándar para medir la compatibilidad entre tu pareja de vida y tú. Si aún no has descubierto a esa persona especial, las respuestas que brindes podrían ayudarte a comprender mejor el tipo de persona con la que te gustaría pasar la vida.

Además, antes de cada capítulo verás «Un comentario personal». Es muy difícil «soltar un libro». Mientras se dirigía a la editorial, pensé por un momento: Si pudiera sentarme con el lector y contarle algo antes de que comience cada capítulo, ¿qué sería? Así que las notas personales son mi adición de último minuto al libro. Creo que captan en pocas palabras lo que deseo que pienses mientras lees los capítulos.

Aquí tienes mi primer comentario personal. Y se trata de la introducción: ¡No leas este libro sin leer primero la introducción! Es imprescindible para comprender el sentido del libro. Es breve, pero muy importante.

No encontrarás piadosas divagaciones ministeriales en estas pautas para un compromiso de por vida. En su lugar, creo que descubrirás una visión práctica, relevante, humorística y convincente del matrimonio que de seguro profundizará, tal vez incluso revolucionará, tu relación con tu pareja. Así que diviértete mientras lees, ¡y te deseo que seas bendecido en un matrimonio con el toque de Dios!

Introducción

DIEZ PRINCIPIOS PARA UN MATRIMONIO EXITOSO

El matrimonio expone y revela quiénes somos en realidad. Esto se debe a que cuando decimos «Sí, quiero», entablamos una relación de pacto con nuestro cónyuge. En los negocios, los socios sellan su relación con un contrato, exigible por ley. En el matrimonio, dos personas hacen un pacto entre sí y con Dios. Este pacto matrimonial puede ilustrarse mejor con un triángulo equilátero. Dios está en la cúspide, con el esposo y la esposa en sus respectivos extremos en la base. A medida que los cónyuges se acercan a Dios, lo cierto es que ellos se acercan entre sí. El resultado de tal relación de pacto es un matrimonio satisfactorio y dinámico.

Cuando le pido a una pareja que le prometa su amor y compromiso el uno con el otro hasta que la muerte los separe, en realidad les pido que adopten ciertos mandamientos o principios que garanticen un matrimonio exitoso. Sin embargo, al igual que los Diez Mandamientos que Dios le dio a Moisés en el monte Sinaí, estos Diez Mandamientos del matrimonio no se pueden cumplir sin una transformación espiritual.

El apóstol Pablo enseña que los Diez Mandamientos de Dios sirven como un medio de diagnóstico. Al igual que el instrumental en la mano de un médico experto, estas leyes examinan y prueban nuestras vidas, revelando la enfermedad genética del pecado. Es más, la Ley literalmente nos condena, dándonos la grave noticia de que todos nos hemos quedado de manera terrible por debajo del santo requisito de Dios. Esa dura verdad debería hacernos caer de rodillas y alzar nuestra mirada hacia el cielo para encontrar una respuesta a nuestro dilema: una cura sagrada que solo proviene del Gran Médico.

¿Cuál es la cura? «Si confesamos nuestros pecados, Él es fiel y justo para perdonarnos los pecados y para limpiarnos de toda maldad» (1 Juan 1:9). Cuando confesamos nuestros pecados y nos arrepentimos, hacemos un «giro de 180°» desde nuestro estilo de vida pecaminoso. Jesucristo toma nuestro pecado y nos da su justicia a cambio. ¡Eso es lo que llamo una transformación divina y espiritual!

En *Renueva tu corazón*, Dallas Willard escribe: «La renovación espiritual y la "espiritualidad" que proceden de Jesús son nada menos que una invasión de la realidad humana natural por una vida sobrenatural "que viene de arriba"»[1]. Ese don sobrenatural transforma nuestros espíritus y comienza la obra de conformarnos a la imagen misma de Cristo (Romanos 8:29).

La voluntad de Dios para cada hombre y mujer es que Cristo se forme en ellos (Gálatas 4:19). Y a medida que crecemos en intimidad con el Señor, su Espíritu Santo revela continuamente aspectos de nuestra vida que no están en armonía con Cristo y nos da el poder para afrontarlos. Ese proceso, a menudo doloroso, quizá se conozca mejor como santificación.

La transformación debe ocurrir en el pacto del matrimonio. A medida que se diagnostican nuestros pecados y defectos a la luz de los mandamientos del matrimonio, confesamos nuestros pecados y recibimos la sanidad de Cristo, y después nos sometemos al tratamiento constante de transformación dirigido por el Espíritu Santo.

Por supuesto, Dios no dio estos Diez Mandamientos del matrimonio en el monte Sinaí. Es más, no los encontrarás en tu Biblia. Sin embargo, están allí, dentro de las páginas de las Escrituras. Estos son diez principios bíblicos que se revelan mejor en la intimidad del matrimonio. Por ejemplo, tal vez un hombre, o una mujer, soltero no se dé cuenta de lo egoísta que es ni de lo mal que se comunica. Entonces, cuando vivimos con alguien que conoce todos nuestros defectos, y nos acepta y nos ama de todos modos, saldrán a la luz nuestras deficiencias en elementos como el egoísmo, la ira, la comunicación o el perdón.

Al igual que los Diez Mandamientos dados a Moisés, estos Diez Mandamientos del matrimonio actuarán como un diagnóstico, probando y revelando los aspectos poco saludables de tu relación matrimonial. Así que lee estos capítulos, estos mandamientos, y permite que el Espíritu Santo haga su obra.

UN COMENTARIO PERSONAL

No serás egoísta

Para quienes están familiarizados con la definición bíblica del amor, este capítulo quizá le parezca anticuado, una simple revisión. Sin embargo, ya sea una revisión o algo nuevo, es la base necesaria para comprender el amor que sirve como fundamento del matrimonio, un amor que es lo opuesto al egoísmo.

E.Y.

——— Primer ———
MANDAMIENTO

NO SERÁS EGOÍSTA

Durante mis muchos años como pastor, he «estado en el altar» más veces de las que puedo contar. Muchas de las ceremonias me han dejado recuerdos duraderos, algunos conmovedores, otros cómicos. Sin embargo, en medio de todas las sonrisas, risas y lágrimas de alegría que acompañan a la mayoría de las bodas, ocurre algo muy serio.

Cuando realizo una boda, le pido a la pareja que prometa ante Dios, la familia, los amigos y yo, que se amarán y se apreciarán entre sí. Les pido que se comprometan a honrarse y apoyarse el uno al otro en la enfermedad y en la salud, en la pobreza y en la riqueza. Les indico que antepongan las necesidades y los deseos del otro antes que los suyos y los de los demás, excepto los de Dios.

Estas solemnes promesas constituyen los votos matrimoniales. Hasta ahora, todos los novios que se encuentran frente a mí han respondido con un sincero «¡Sí, quiero!». En cambio, a veces me pregunto si entienden por completo lo que prometen al intercambiar sus votos. Cuando le pido a la pareja que haga estas promesas, en realidad estoy desafiando a ambas partes a fin de que adopten diez principios bíblicos que, si se aplican, ayudarán a que su matrimonio no solo sobreviva, sino que prospere. La tarea implicará compromiso, trabajo, y mucho dar y recibir, ¡pero ellos (y tú) pueden tener de veras un matrimonio lleno de vida!

Ese es el tipo de matrimonio que Dios quiere que tengamos. Después de todo, el matrimonio es idea suya. Tiene un propósito y un plan divinos para la relación entre un esposo y una esposa. Y, como todos sus planes, es perfecto.

EL PLAN PERFECTO DE DIOS

Dios realizó la primera ceremonia matrimonial: una hermosa boda en el huerto, en un día perfecto, con un hombre perfecto casándose con una mujer perfecta. Adán y Eva lo tenían todo.

Solo imagínatelo. En realidad, Adán podía decirle a Eva: «¡Eres la única chica del mundo para mí!». Y nunca escucharía de Eva estas inquietantes palabras: «Déjame contarte sobre el chico con el que me podría haber casado».

Esta primera pareja disfrutó de la relación amorosa perfecta, del tipo que Dios quería que un esposo y una esposa compartieran durante toda la vida. Adán y Eva vivieron durante algún tiempo en perfección sin pecado, disfrutando de un huerto impecable donde Dios los visitaba y caminaba a su lado al fresco del día. Ni siquiera una pizca de pecado o imperfección estropeaba la imagen. La Biblia nos dice que Adán y Eva caminaban desnudos por el huerto, pero no sentían pena ni vergüenza (Génesis 2:25). Y su desnudez fue más allá de algo solo físico; vivían con total transparencia entre sí y con Dios.

A esta primera pareja, Dios les prometió grandes bendiciones y la puso al cuidado del huerto... con una sola condición. «Todo este huerto es tuyo», le dijo Dios a Adán, «y puedes comer la fruta de cualquier árbol o planta; es decir, todos, menos uno. En medio del huerto puse un árbol del que no debes comer. Si comes de ese árbol, tendrás el conocimiento del bien y del mal, y tú no estás preparado para lidiar con la carga de ese conocimiento. Si comes de ese árbol, morirás» (Génesis 2:16-17, paráfrasis).

EL PLAN PERFECTO DE DIOS SE ESTROPEÓ

Adán y Eva sabían las consecuencias de la desobediencia. Se dieron cuenta de que Dios les había prohibido comer de ese único árbol. Sin embargo, el diablo, usando un lenguaje lleno de engaño y egoísmo, persuadió a Eva.

«¿Conque Dios os ha dicho: "No comeréis de ningún árbol del huerto"?», siseó la serpiente. «Pues Dios sabe que el día que de él comáis, serán abiertos vuestros ojos y seréis como Dios, conociendo el bien y el mal» (Génesis 3:1, 4-5).

Tú conoces el resto de la historia. Adán y Eva comieron del árbol prohibido y, con su desobediencia, sobre toda la humanidad cayó una maldición divina que resultó en la tragedia final de la historia humana. En ese día, el pecado y el egoísmo mancharon para siempre nuestra existencia. En ese momento, perdimos la comunión perfecta con Dios que Él pretendía que disfrutáramos a su lado. En ese mismo instante, cada relación humana que entablaríamos, incluido el matrimonio, se marchitaría bajo una maldición divina.

PRIMERA BATALLA MATRIMONIAL DE LA HISTORIA

Esta trágica cadena de eventos desencadenó la primera batalla matrimonial de la historia que provocó el egoísmo. Cuando Dios confrontó a Adán en cuanto a su pecado, el hombre respondió culpando a su esposa: «Señor, no es mi culpa. ¡Es de ella!». Usó otras palabras, pero pretendía hacer justo esa acusación. La Biblia informa que le dijo a Dios: «La mujer que me *diste* por compañera me dio de ese fruto, y yo lo comí» (v. 12, NVI®, énfasis añadido). Cuando Dios se volvió hacia Eva para escuchar su versión de la historia, ella no lo hizo mejor. Culpó a su entorno y sus circunstancias: «Dios, no

> La investigación actual revela que las personas se sienten mucho más avergonzadas que nunca antes.

puedo tener la responsabilidad por esto. La serpiente me engañó. ¡Cúlpala a *ella* por esto!» (Génesis 3:13).

Toda la escena sórdida proporciona una imagen vívida y fea del egoísmo en acción. Revela a dos personas que ceden a la tentación, pecan contra Dios y una contra la otra, luego se cubren a sí mismas, todo en un intento por evitar aceptar la culpa y las consecuencias de su pecado. El esposo culpó a la esposa y a Dios, mientras que la esposa culpó a sus circunstancias.

¿Parece conocido?

Como consecuencia, la hermosa relación matrimonial que Dios diseñó como una unión perfecta para beneficiar tanto al hombre como a la mujer, y para glorificarse a sí mismo, colapsó en un amargo intercambio de acusaciones y recriminaciones.

A partir de entonces, las cosas no volvieron a ser igual.

EL PROBLEMA NÚMERO UNO EN EL MATRIMONIO

Nuestro primer mandamiento tiene que ver con el problema número uno en el matrimonio, un revés que surgió en el huerto con Adán y Eva. Desde entonces, lo hemos visto continuar hasta el siglo XXI. ¿Cuál es?

¡El egoísmo!

La investigación actual revela que las personas se sienten mucho más avergonzadas que nunca antes. Los milénicos se colocan siempre en el centro de escenarios digitales creados por sí mismos. Una encuesta de *Pew Research* indicó que el cincuenta y cinco por ciento ha publicado un «selfi» en un sitio de redes sociales[1]. Por ejemplo, conozco a una mujer joven que iba a exceso de velocidad. Cuando la detuvieron, tomó un vídeo «selfi» y se lo tuiteó a sus seguidores. También recibió una multa por enviar mensajes de texto y conducir, ya que se retrasó en la entrega de su licencia para poder publicar digitalmente su reacción al policía. ¡No puedo inventar esto! Quizá los selfis no sean el problema principal en los matrimonios, pero la raíz del selfi es una obsesión con uno mismo. Esto se llama egoísmo y sigue siendo el problema número uno en tu matrimonio y en el mío.

Todos sufrimos el pecado del egoísmo. Se encuentra en el corazón de casi todos los problemas matrimoniales. Mi buen amigo Gary Thomas dice esto en su libro *Matrimonio sagrado*:

> Cada situación que me llame a confrontar mi egoísmo tiene un enorme valor espiritual, y lentamente comencé a entender que el verdadero propósito del matrimonio puede no ser la felicidad tanto como la santidad[2].

No podría estar más de acuerdo con Gary. Por eso es que nuestro primer mandamiento del matrimonio dice: No serás egoísta.

Esa es la manera más sencilla y directa en que lo pueda decir. Aun así, estoy convencido de que si cada pareja que se casara tomara en serio este principio, un oasis de felicidad matrimonial se extendería por toda esta nación. Los abogados de divorcio tendrían que tomar un número en la oficina de desempleo. Estoy comenzando a pensar que debería incorporar estas palabras exactas en la ceremonia del matrimonio: «No serás egoísta de ninguna manera».

Este primer mandamiento nos llama a hacer en el matrimonio lo que el apóstol Pablo nos instruye a todos: «No hagan nada por egoísmo o vanidad; más bien, con humildad consideren a los demás como superiores a ustedes mismos» (Filipenses 2:3, NVI*). Parece fácil, ¿verdad? Sin embargo, nuestro problema número uno, el egoísmo, lo hace difícil.

Quizá podamos dar algunos pasos positivos hacia la incorporación de este mandamiento en nuestros matrimonios si consideramos el problema del egoísmo como una enfermedad.

LA ENFERMEDAD

Nacemos con la enfermedad. Si estás cerca de un bebé recién nacido por un período prolongado, se vuelve obvio. Los bebés pueden ponerse furiosos si sus necesidades no se satisfacen de inmediato. El proceso de crecimiento hasta convertirse en un precioso pequeñito no ayuda mucho a controlar la enfermedad. Interponte entre un niño de dos años y todo lo que él quiera, y puedes probar la teoría. Los psicólogos dicen que a esta etapa se le llama egocentrismo. La breve definición utilizada por los psicólogos es «yoísmo». El Diccionario de la lengua española define el egocentrismo de esta manera: «Exagerada exaltación de la propia personalidad, hasta considerarla como centro de la atención y actividad generales»[3].

Esta teoría de la enfermedad proviene de la teoría del desarrollo cognitivo infantil del psicólogo suizo Jean Piaget. Desde el punto de vista cognoscitivo, los niños pequeños no pueden ver el mundo desde la perspectiva de otra persona. La teoría se puede probar sosteniendo un oso de peluche frente a un niño pequeño. Con el oso delante, el niño ve ojos, nariz y boca. Si se le pide que describa lo que ve, detallará los ojos, la nariz y la boca. Mostrarle lo que de veras viste (la parte trasera y la cola) no hará nada para cambiar su opinión. Sostén el oso de peluche frente a él de nuevo y pregúntale qué cree que está mirando, y volverá a describir con exactitud lo que ve[4]. Albert Einstein felicitó la teoría de Piaget al exclamar: «El descubrimiento de Piaget es tan simple que solo un genio podría haberlo pensado»[5].

Teóricamente, perdemos el egocentrismo y entramos en otra etapa de desarrollo. Sin embargo, he aconsejado a cientos de parejas casadas que parecen revivir su etapa de egocentrismo a diario. En consecuencia, creo que es más que una etapa de desarrollo. Es, en realidad, una enfermedad del corazón.

SÍNTOMAS DEL EGOÍSMO

Si no estás seguro acerca de esta enfermedad, considera los síntomas. La mayoría de las enfermedades revelan síntomas visibles y físicos. El egoísmo no es diferente. ¡Sus síntomas son tan obvios como los de la varicela!

Realiza un pequeño autodiagnóstico al considerar cada uno de los síntomas que se enumeran a continuación. Pregúntate: «¿Hasta qué punto me ha infectado este síntoma del egoísmo?». Los cuatro síntomas son: inmadurez, elecciones de tiempo, insensibilidad y terquedad.

Inmadurez

Jo Beth y yo salimos por más de seis años antes de casarnos. Al volver la vista atrás, creo que lo que sentimos el uno por el otro el día que nos casamos tenía más en común con el amor adolescente que con el amor genuino y maduro. Teníamos que empezar a crecer.

Cincuenta y cinco años después, ¡el proceso continúa!

¿Qué quiero decir con amor adolescente? El amor adolescente es una forma inmadura de la dinámica del amor que une a dos personas.

> Aunque Jesús nos dice que seamos *como* niños, las personas inmaduras siguen siendo *infantiles*.

Cuando nos encontramos en el amor adolescente, queremos estar con una persona por la manera en que nos hace sentir. En el amor adolescente, nuestras necesidades emocionales y físicas ocupan un lugar central en la relación. Hacemos a un lado a cualquiera que no satisfaga y gratifique nuestras necesidades.

Muchos de nosotros comenzamos con el amor adolescente. No hay nada de malo en eso; puede ser divertido y agradable. Sin embargo, a menos que el amor adolescente se convierta en amor maduro, el matrimonio tendrá dificultades y no podrá sobrevivir a los tiempos difíciles. Además, si construyes tu relación matrimonial sobre el amor adolescente, ¡terminarás viviendo una vida que «adolece»!

Considera los contrastes entre el amor adolescente y el amor maduro en el siguiente cuadro.

AMOR ADOLESCENTE CONTRA AMOR MADURO

AMOR ADOLESCENTE	AMOR MADURO
Se enfoca en recibir	Procura darle a la otra persona
Impaciente, egocéntrico	Paciente, a pesar de los defectos del otro
Tiende a los arrebatos de ira	Responde con suavidad y de manera adecuada a los irritantes
Se autoprotege, pues insiste en satisfacer sus necesidades por encima de todo	Transparente y vulnerable

La respuesta al problema del amor adolescente es la madurez, y eso significa vivir, como lo expresó Pablo en Efesios 5:15, con «sabiduría» mutua. Debemos vivir y llevar adelante nuestros matrimonios como hombres y mujeres maduros en Cristo. Lo lamentable es que, en cambio, muchos de nosotros nunca crecemos más allá de la inmadurez, ya sea en nuestra vida matrimonial o espiritual. Aunque Jesús nos dice que seamos *como* niños, las personas inmaduras siguen siendo *infantiles*.

Los sociólogos y psicólogos coinciden en que Estados Unidos sufre una crisis de paternidad, en parte porque muchos hombres nunca crecen más allá de la adolescencia. Sus cuerpos envejecen, pero sus mentes todavía piensan como niños inmaduros.

Los hombres (y las mujeres también) experimentan constantemente con nuevas formas de satisfacer sus deseos. Sin embargo, hasta los más inmaduros pueden adquirir sabiduría al estudiar y adoptar los principios de Dios.

Jo Beth y yo teníamos mucho que madurar cuando nos casamos. Aunque ahora somos abuelos, seguimos madurando como individuos y en nuestra relación. Y, para ser sincero, ¡puedo decir que crecer y madurar juntos nos ha dado una vida aún más emocionante y gratificante que la de esos primeros días de amor adolescente!

¿Cómo pasas tu tiempo?

El apóstol Pablo nos dice que redimamos nuestro tiempo (Efesios 5:16, RVA). Literalmente, debemos acaparar todas las oportunidades que nos puede brindar el tiempo.

Disfruto jugando al golf. Entonces, cada vez que tengo la oportunidad, visito un campo cercano para jugar o al menos golpear algunas bolas de práctica. Por casualidad, conocí a un hombre que parece estar golpeando pelotas de golf en el campo de práctica cada vez que me presento. A menos que, por casualidad, llegue al campo cuando yo esté allí, tal parece que pasa mucho tiempo jugando al golf. Da la impresión de que ya está allí cada vez que llego y todavía sigue allí cuando me voy. Debe golpear cientos de bolas todos los días.

No puedo evitar preguntarme: ¿Cómo pasa su tiempo este hombre? ¿Tiene una esposa e hijos descuidados en casa, esperando que su esposo y padre regresen del campo de golf?

Hace poco, un hombre me dijo: «Lucho con el egoísmo en mi matrimonio en el aspecto del tiempo libre. Crecí amando los deportes, y pasaba horas viéndolos en la televisión. Durante los primeros años de mi matrimonio, noté que muchas de mis tardes no las pasaba con mi esposa, sino con el canal de deportes».

Debido a que este joven no quería ser egoísta, tomó una decisión difícil. Decidió deshacerse del cable, ¡y lo calificó como una de las mejores decisiones que había tomado para su matrimonio! ¿Cuánto tiempo podríamos ganar los hombres para pasar tiempo de calidad con nuestras esposas si solo apagáramos la televisión? Tengo que confesar que puedo zapear por los mejores canales, en especial cuando se trata de deportes y cadenas de noticias. Sin embargo, estoy convencido, hombres, de que si apagamos la televisión, tendremos la oportunidad de obtener más gozo al aumentar la intimidad con nuestras esposas.

Es fácil pasar nuestro tiempo en nuestras carreras, aficiones, pasatiempos y otras actividades gratificantes, todo a expensas de nuestros matrimonios. No puedo comenzar a decirte la cantidad de personas que he conocido cuyos matrimonios han sufrido porque uno o ambos cónyuges estaban demasiado ocupados para dedicarle tiempo a su relación. El esposo y la esposa parecían habitar en mundos diferentes. Vivían juntos, pero nunca se tomaban el tiempo el uno para el otro. Lo mejor que uno podía esperar del otro eran las sobras. Piensa en las sobras que hay en tu refrigerador en este momento. ¿Qué tan ansioso estás de disfrutarlas? La comida sobrante rara vez es una de primer nivel, y el tiempo sobrante rara vez crea una relación satisfactoria.

Insensibilidad

«¡Si hubiera sabido que era tan insensible e impasible, nunca me habría casado con él!». He escuchado esta queja de esposas infelices más de lo que quiero contar. Simpatizo con los sentimientos que provocan palabras tan duras. A menudo provienen de una esposa frustrada que no se siente apreciada, que cree que a su esposo no le importan sus necesidades ni lo que está pensando o sintiendo.

La insensibilidad mata un matrimonio y puede destruir cualquier tipo de relación. Es difícil vivir, trabajar o asociarse con una persona insensible. Nadie quiere pasar tiempo con alguien que no escucha ni tiene en cuenta los sentimientos o pensamientos de los demás.

En Efesios 5:17, Pablo proporciona un modelo de cómo se ve la sensibilidad: «No sean insensatos sino comprendan cuál es la voluntad del Señor» (RVA-2015). Dos palabras contrastantes destacan en este verso: *insensatos* y *comprendan*. Este versículo nos dice que la insensatez le sigue a la falta de comprensión.

La comprensión depende de la sensibilidad. La necesitamos en nuestra relación con el Señor y con otras personas, en especial con nuestro cónyuge. La sensibilidad significa tratar de comprender los pensamientos, sentimientos y necesidades de la otra persona. Echemos un vistazo a este tipo de sensibilidad en acción. Marcos y Laura llevan casados casi diez años. Marcos es dueño de una pequeña empresa que vende artículos deportivos. El negocio le proporciona una gran satisfacción personal y un ingreso familiar sólido. Mucho antes de conocer a Marcos, Laura descubrió su amor por la pintura al óleo. A través de los años, desarrolló su pasión en un negocio secundario rentable.

Pero luego llegaron tres niños en cuatro años. A medida que los pañales y las sillas de patas altas se multiplicaban, el tiempo de pintura de Laura se desvanecía. La pareja siempre había planeado que Marcos fuera el sostén de la familia, lo que le permitía a Laura su deseo de ser ama de casa. Entonces, poco a poco esta madre ocupada descubrió que su amor por la pintura le proporcionaba una salida creativa que la ayudaba a equilibrar su día. Sin embargo, sus abrumadoras tareas domésticas pronto le daban cada vez menos oportunidades para pintar.

Marcos sintió la necesidad de Laura de expresar su don artístico y, después de pensar mucho en la situación, decidió reducir su número de clientes para ayudar a su esposa a seguir su carrera artística. Ahora

Laura tiene acceso a una pequeña galería que le brinda descansos refrescantes de su rutina.

¿Y Marcos? Se ocupa de los niños y las tareas del hogar todos los martes, jueves por la mañana y sábado por la tarde. A través de su sensibilidad hacia las necesidades de su esposa y su decisión de actuar de manera desinteresada, Marcos descubrió una parte apreciada de su vida. Si hubiera decidido hacerse el de la vista gorda a las necesidades de su esposa, le habría negado a su esposa, y a él mismo, una enorme cantidad de felicidad.

Hazte un par de preguntas. Como esposa, ¿eres sensible con tu esposo cuando está en medio de un momento de presión en la oficina? Como esposo, ¿eres sensible a tu esposa cuando está luchando con su jefe, una fecha límite importante o con los hijos? ¿Son sensibles el uno con el otro en esos momentos en que no se sienten como ustedes mismos?

La insensibilidad es un síntoma clásico de egoísmo. Nos hace vivir como necios... y nuestros matrimonios sufren.

Terquedad

Parece apropiado que un síntoma de egoísmo sea la terquedad, también conocida como tozudez. Y en ninguna parte vemos con más claridad la terquedad en el matrimonio que en el aspecto de la sumisión. Pablo revela este problema en Efesios 5:22, cuando escribe que las esposas deben someterse a sus esposos como lo harían con el Señor.

Algunos esposos creen que este versículo los pone a cargo, y no importa qué conflicto o desacuerdo surja, se hace lo que ellos digan. Solo un problema: ¡Eso no es lo que significa este versículo!

Justo antes de que el apóstol dijera que las esposas deben someterse a sus esposos, declara que todos los cristianos deben someterse el uno al otro, motivados por la reverencia a Cristo. Todos debemos dejar a un lado la terquedad que caracteriza nuestra naturaleza caída y considerar las necesidades de los demás. A veces, esto incluye a los esposos que se someten a sus esposas.

Hace unos años, Carlos e Isabel iniciaron una práctica que revolucionó su matrimonio. Comenzaron a preguntarse el uno al otro: «¿Qué significa "Te amo" para ti?». Se comprometieron a actuar de acuerdo con las respuestas que escuchaban y, por lo tanto, encontraron la clave para la sumisión mutua.

Se toparon con esta práctica al principio de su matrimonio. Durante mucho tiempo, Isabel dio por sentado que, más que cualquier otra cosa, Carlos quería una casa limpia cuando volviera del trabajo. Así que todas las tardes, antes de su llegada al hogar, ella corría por la casa como un torbellino, limpiando todo a la vista. Siempre saludaba a Carlos y lo seguía a la casa, esperando sus elogios por su inmaculado trabajo doméstico, pero nunca llegaban. Como es comprensible, ella comenzó a resentirse por la falta de aprecio de Carlos y le diagnosticó un caso grave de egoísmo.

Un día, ya estaba harta. Con fuego en los ojos, se enfrentó a Carlos. Mientras hablaban, Isabel descubrió que a Carlos no le importaba de veras si la casa estaba limpia cuando llegaba. ¡Solo quería saber qué había para cenar! La comida ni siquiera tenía que estar lista; por él, hasta podían pedir pizza a domicilio. Lo que significaba «Te amo» para Carlos no era una casa limpia, sino una esposa feliz con planes para cenar.

¡Qué revelación (y alivio) para Isabel! A partir de ese día, Carlos e Isabel comenzaron a preguntarse: «¿Qué significa "Te amo" para ti?».

No existen matrimonios mejores ni más armoniosos que esos en los que ambos cónyuges se someten el uno al otro como lo harían con el Señor. Esto no significa que nunca surjan desacuerdos y conflictos. Significa, en cambio, que la paz suprema reina en el matrimonio, pues tanto el esposo como la esposa eligen de manera consciente poner primero al otro en todas las decisiones.

DIAGNÓSTICO Y TRATAMIENTO DEL EGOÍSMO

Es hora de mirarse en el espejo. ¿Padeces de egoísmo? ¿Te ves en uno o más de los síntomas que acabamos de describir: inmadurez, insensibilidad o terquedad? ¿Tiendes a malgastar tu tiempo, o dedicarlo a tus actividades o intereses personales, dejándole las sobras a tu pareja? Si respondiste de manera afirmativa a alguna de estas preguntas, tu prueba de egoísmo dio positiva.

La verdad es que casi todos la padecemos.

El egoísmo ha hecho que muchos matrimonios estén tan enfermos que la relación necesita una unidad de cuidados intensivos. Su unión tiene todas las características de la anemia. Han perdido la pasión, la diversión y la eficiencia en Dios que una vez tuvieran juntos. Se sienten aburridos e insatisfechos en el matrimonio, y hasta son insensibles el uno con el otro.

> Cuando dos personas no se esfuerzan por alcanzar objetivos importantes para ambos, casi siempre los objetivos de uno se vuelven dominantes.

En cierto sentido, no todas son malas noticias. Si reconoces tales problemas en tu matrimonio, ya diste un gran paso para hacer cambios positivos. Se necesitará mucho trabajo y perseverancia, pero puedes superar el egoísmo crónico.

Para ayudarte a hacerlo, te recomiendo que trates el egoísmo con una dosis de PEP. En PEP se incluyen tres ingredientes: prioridades, expectativas y patrones.

Prioridades

Pónganse de acuerdo. Ese es el primer ingrediente en el tratamiento del egoísmo. Muchos matrimonios duran décadas sin decir una sola palabra respecto a las prioridades individuales y mutuas. Cuando dos personas no se esfuerzan por alcanzar objetivos importantes para ambos, el egoísmo entra con facilidad en juego. Y, por lo general, los objetivos de uno de los dos se vuelven dominantes.

¿La clave para ponerse de acuerdo? Establecer juntos sus prioridades. Dediquen tiempo para escribir sus listas personales de prioridades en aspectos tales como amistades, trabajo, iglesia, dinero, vacaciones e hijos. Una vez que confeccionen sus listas, compárenlas. Vean dónde coinciden y dónde difieren. Luego, siéntense y resuelvan las diferencias. Recuerden, si el objetivo es llegar a ponerse de acuerdo, se requiere un intercambio mutuo.

¿Te gustaría una forma divertida y eficaz de hacer esto? Entonces, consideren ir a un retiro personal, solo tú y tu pareja. No tienen que irse muy lejos ni gastar mucho dinero. Solo tómense un par de días y vayan a un lugar especial para ustedes dos donde puedan determinar sus prioridades. Y pasar un tiempo disfrutando el uno del otro.

Expectativas

Nuestro perro, Sonny, tuvo un problema de garrapatas. ¿Alguna vez has observado uno de esos pequeños chupadores? Y eso es lo que son con exactitud: las garrapatas sobreviven chupando la sangre de su animal huésped. Bueno, déjame decirte, ¡Sonny fue un gran anfitrión! Llevaba collares especiales y le echábamos pesticidas para matar los pequeños parásitos, pero de alguna manera las garrapatas se unirían a Sonny y celebrarían un festín. Su frenesí de alimentación les hizo hincharse varias veces su tamaño normal. Muchas garrapatas vivían una vida plena alimentándose de nuestro Sonny.

¿Qué tienen que ver las garrapatas de Sonny con el matrimonio? Cada pareja que viene al altar trae sus propias expectativas. Siempre que me paro delante de un novio y una novia, tengo la extraña habilidad de leer sus mentes. Mientras veo que se miran a los ojos, sé lo que ambos piensan: Esta persona satisfará todas mis necesidades.

Ahí es cuando comienza el problema.

A esto lo llamo una relación de «garrapata en el perro». El problema es que, en demasiados matrimonios, tienes dos garrapatas y ningún perro. No se satisfacen las necesidades legítimas de ninguno en la pareja, ya que cada uno intenta alimentarse del otro.

De seguro que es normal tener algunas expectativas sobre tu pareja y matrimonio. Eso es parte de la promesa de «Sí, quiero». Sin embargo, es vital que cada pareja se comunique con claridad sus expectativas. Por eso es que el segundo ingrediente de nuestro tratamiento para el egoísmo sea definir las expectativas.

La mayoría de nosotros hace mal todo esto. Estudiamos los matrimonios de los que sabemos algo y llegamos a una conclusión general: Así debe ser un buen matrimonio. Podría mirar la relación entre mi madre y mi padre, u observar otras parejas que he conocido, de las que he leído o visto en la televisión, y a partir de esta información intentar determinar cómo debe ser un matrimonio. Este método profundamente defectuoso para comprender las expectativas en el matrimonio puede llevar a la desilusión, incluso al desastre.

> Cuando dos personas se casan, traen a la relación diferentes formas de lidiar con la vida.

Construimos matrimonios saludables cuando nos sentamos con nuestro cónyuge y definimos nuestras necesidades y objetivos como equipo. Decimos: «Así es como queremos que sea nuestro matrimonio». En otras palabras, juntamos nuestras expectativas. «Esto es lo que esperamos del matrimonio. Estas son nuestras metas para la relación».

Trata de hacer esto en el retiro personal del matrimonio que sugerí antes. Sal con tu pareja, y piensen y hablen sobre sus expectativas y objetivos. Si lo haces, es menos probable que te concentres en ti mismo, y más probable que te concentres en satisfacer las necesidades de tu cónyuge. Además, estarás bien encaminado para superar el egoísmo.

El ingrediente final en PEP implica que junten los patrones de sus estilos de vida.

Cuando dos personas se casan, traen a la relación diferentes maneras de lidiar con la vida. Cada hogar es singular, y esos patrones de estilo de vida únicos los traemos al altar. Quizá se necesite romper algunos de esos patrones, mientras que otros deben adoptarse.

Supongamos que el esposo proviene de una familia que mostraba su afecto mucho más que la de su esposa. O tal vez los miembros de su familia sean frugales, mientras que su esposa gasta con facilidad.

Dedica un tiempo con tu pareja para juntar sus patrones de estilo de vida. ¿Cómo tomarán decisiones? ¿Cómo resolverán el conflicto? ¿Cómo administrarán el dinero? ¿Cómo disciplinarán a sus hijos?

Jo Beth y yo crecimos juntos. Cuando nos casamos, ya nos conocíamos bastante bien. Aun así, venimos de diferentes familias y patrones de estilo de vida. Cuando nos casamos, tuvimos que establecer nuestros propios patrones de estilo de vida. Tú debes hacer lo mismo si vas a librar a tu matrimonio de la enfermedad crónica del egoísmo.

EL CAMINO HACIA LA RECUPERACIÓN

¿Cómo sabemos si estamos en el camino hacia la recuperación del egoísmo? ¿Cómo sabemos cuándo estamos curados?

Amor. El amor es la respuesta.

Aclaremos esa palabra, una que sufre de uso excesivo en nuestra sociedad. Amamos todo, desde las personas hasta las mascotas, los pasatiempos y la pizza. La palabra se ha vuelto superficial y ha perdido gran parte de su rica profundidad de significado. Se ha diluido. Entonces, si el amor le devuelve la salud a nuestros matrimonios, y nos asegura que nuestro egoísmo está bajo control, dediquemos un momento para restaurar el valor del significado del amor. No hay mejor lugar para encontrar el verdadero significado del amor que en la Biblia. Dios es amor, y en su Palabra nos ha dado instrucciones claras sobre la vida, incluido el amor y el matrimonio.

El Nuevo Testamento contiene una variedad de términos griegos que traducimos con la sola palabra amor. Cada una de estas palabras griegas describe un tipo único de amor, o una profundidad o aspecto diferente del amor. Dado que la palabra amor de Estados Unidos carece de significado profundo, dediquemos algún tiempo analizando estos amores bíblicos. Consideremos lo que podríamos llamar *amor sentimental, amor fraternal* y *amor eterno*.

Cuando tu matrimonio contenga estos tres amores, sabrás que estás curado del egoísmo y en camino hacia un matrimonio dinámico.

Amor sentimental

Recuerdo con claridad cómo me sentí cuando me enamoré de Jo Beth: mi corazón latía como si acabara de correr dos kilómetros en cuatro minutos y mi estómago se revolvía como si se moviera toda una colonia de mariposas. Era como un imán para mí. Me atraía todo el tiempo. Me sentía enfermo de amor como el hombre que describiera el poeta anónimo:

> Subí la puerta
> Y cerré las escaleras;
> Dije mis zapatos y me quité las oraciones.
> Apagué la cama y me metí en la luz.
> Y todo porque...
> *¡Me dio un beso de buenas noches!*

Me puedo identificar con el pobre chico de este poema. Tenía un mal caso de lo que llamo *amor sentimental* o amor romántico. El término griego para este tipo de amor es *eros*, el tipo de amor erótico que recibe la mayor facturación en novelas románticas y películas.

Por cierto, el amor erótico no es malo; después de todo, fue idea de Dios. Lee Cantar de los Cantares, y verás cómo Dios quería decir que el amor erótico o los sentimientos funcionaran dentro del matrimonio.

Este tipo de amor involucra la química entre un esposo y una esposa, una mezcla emocionante de pasión, atracción física, afecto y sexualidad. El amor romántico es un maravilloso regalo de Dios para que se comparta entre un hombre y una mujer comprometidos el uno con el otro en el matrimonio. No solo es una parte agradable del matrimonio, sino una parte vital.

Pídele a cualquier consejero matrimonial que mencione la pregunta que más hacen los esposos y esposas, y es probable que diga algo así: «¿Cómo puedo restaurar la pasión y el entusiasmo en mi vida y en mi matrimonio?». Cuando la gente dice que no hay romance ni chispa en sus matrimonios, el problema es la desaparición de los sentimientos de amor.

De seguro que no es fácil mantener la pasión y la emoción en el matrimonio. No obstante, las antorchas se pueden volver a encender. Puedes restaurarle el amor romántico a tu matrimonio. Es más, puedes tener un matrimonio que eche chispas. ¿Cómo? Permíteme darte algunos pasos prácticos para ayudarte a restaurar los sentimientos en tu relación.

- Préstale atención a tu relación. Siempre les aconsejo a las parejas que sigan saliendo juntos. Los esposos necesitan cortejar a sus esposas con la misma dedicación que necesitaban para ganarse su amor. Las esposas deben hacer que sus esposos se sientan tan especiales como un caballero con una armadura brillante.

- Activa tu deseo. Incluso si no sientes las mismas emociones de antes, activa tu deseo de hacer las cosas que hacías con naturalidad en esos días de amor apasionado y romántico. Imagina tu vida como un tren. Tu voluntad es la locomotora y tus emociones son el vagón de cola. Una vez que la locomotora comienza a moverse en las vías, le sigue el furgón de cola. Así que no te concentres en los sentimientos. Los sentimientos son importantes, pero las emociones saludables no pueden generarse solo por sentimientos. Comprométete con acciones que beneficien a tu pareja y, luego, observa cómo se reavivan los sentimientos.

- Mantente en las vías. Considera las siguientes vías establecidas en las Escrituras. La primera obligación que tenemos como esposo y esposa es obvia: ama a tu pareja como un esposo o esposa querido (Efesios 5:25; Tito 2:4). La Biblia les instruye a los esposos y esposas que se amen. Lo lamentable es que algunas personas tienen problemas con ese mandato. Entonces, el segundo nivel de nuestra vía puede resultarles un poco más fácil: ama a tu pareja como a los de la familia de la fe (1 Pedro 3:8). Si todavía no crees que puedes cumplir esta propuesta, esfuérzate al máximo por cumplir el tercer nivel bíblico: Ama a tu pareja como a tu prójimo (Mateo 22:39). Si esto todavía parece una orden demasiado alta, Jesús tiene una última directiva para ti: Ama a tu pareja como a un enemigo (Mateo 5:44). El Señor nos enseña a que amemos a nuestros enemigos. Si no puedes amar a tu pareja al menos como amas a tus enemigos, es probable que tengas algunos problemas que van más allá del ámbito matrimonial. Lo primero que debes hacer es asegurarte de tu relación con el Señor, porque sin esto, ninguna cantidad de seminarios de relaciones o libros instructivos ayudarán a tus problemas matrimoniales.

Pasemos al siguiente tipo de amor que se necesita para evitar el egoísmo. Hay mucho más en el matrimonio que el amor romántico. Si bien reconozco que esta es una etapa vital, divertida y agradable, tu matrimonio sufrirá si solo tiene un tercio del amor que le hace falta. Más de un matrimonio ha fallado porque una pareja descuidó ir más allá del amor sentimental.

Amor fraternal

El siguiente anuncio apareció en un boletín de la iglesia: «Darius Jones y Jessica Brown se unieron en santo matrimonio el sábado a las 7:00 p. m. en el santuario. Así termina una amistad que comenzó en la escuela primaria»[6]. ¡Espero que Darius y Jessica continúen su amistad, a pesar de la sombría declaración!

La palabra griega para el «amor fraternal» es *fileo*. De ahí que a Filadelfia se le llame la ciudad del amor fraternal. *Fileo* se refiere al afecto y a la unión entre dos individuos. *Eros*, o amor sentimental, hace que una persona se enamore de manera loca o ciega, como si algo irresistible en la otra persona atrajera al enamorado a la relación. Sin embargo, *fileo*, el amor fraternal, implica la idea de elección, un acto de la voluntad.

Los mejores matrimonios del mundo son esos en los que las

> A menudo he dicho que el matrimonio es una amistad que se incendia.

parejas no solo se enamoran, sino que se eligen como mejores amigos. Piensa por un momento en el mejor amigo que hayas tenido. ¿Recuerdas cómo podrías decirle algo a esta persona sin temor a que te juzgue o rechace? Te sentiste seguro al expresarle tus pensamientos secretos, tus sentimientos más profundos y tus deseos más íntimos.

En tal matrimonio, el esposo y la esposa pueden decir con sinceridad que se casaron con su mejor amigo. Estas parejas tienen tanto en común que disfrutan de la compañía del otro, incluso aparte del aspecto sexual del matrimonio.

La atracción física es lo que en un inicio atrae la atención de un hombre y una mujer. Las parejas que se consideran entre sí mejores amigos eligen conscientemente esa relación. Un respetado autor lo dice así:

> Noël y yo, obedeciendo a Jesucristo, hemos buscado con toda la pasión con que hemos podido el gozo más profundo y más duradero posible. Aunque de forma demasiado imperfecta, a veces con poco entusiasmo, hemos edificado nuestro gozo personal en el gozo del otro. Y podemos dar testimonio juntos de que, para aquellos que se casan, éste es el camino hacia los deseos del corazón [...] Al buscar gozarnos en el gozo del otro y llevar a cabo los papeles que Dios ha ordenado para cada uno, se pone de manifiesto el misterio del matrimonio como parábola de Cristo y la Iglesia para su gran gloria y para nuestro gran gozo[7].

A menudo he dicho que el matrimonio es una amistad que se incendia. Si tu matrimonio incluye amor sentimental y amor fraternal, regocíjate; te estás recuperando del egoísmo.

Amor eterno

El amor sentimental y el fraternal se basan, al menos hasta cierto punto, en el disfrute mutuo, la satisfacción y la realización. He encontrado mucha felicidad en el amor romántico y fraternal que compartimos Jo Beth y yo, y confío en que ella haya encontrado lo mismo. Sin embargo, el amor eterno se preocupa tanto por el otro que lo da sin ninguna expectativa de recompensa.

En su forma más pura, el amor eterno lo demuestra Dios. Él derramó este amor incondicional al enviar a su Hijo, Jesucristo. No podemos merecerlo ni podemos dar nada a cambio que lo iguale.

La palabra griega para tal amor es *agape*. El término es tan raro que no aparece mucho en la literatura griega fuera de la Biblia. Es como si la palabra se hubiera creado y reservado de manera única para expresar el amor de Dios por nosotros. En el matrimonio, este tipo de amor soporta los altibajos del amor sentimental y los altibajos del amor fraternal. Este es el amor que trasciende los sentimientos románticos y las oleadas de devoción. No se basa en sentimientos, sino en un compromiso duradero. El amor *eros* es una cuestión del cuerpo; *fileo* tiene que ver con el alma; pero *agape* es un asunto del espíritu.

Muchas parejas tratan de lograrlo con un tercio o, en el mejor de los casos, con un matrimonio de dos tercios. Muchos solo tienen una relación física, y cuando se apaga el fuego, termina el matrimonio. Otros tienen lo físico y la amistad, pero llega el día en que la amistad se resiente y finaliza el matrimonio.

En cambio, los esposos y esposas que disfrutan de un matrimonio de tres tercios tienen una relación completa. Sin importar lo que suceda en los otros niveles, el amor *agape* sostiene el matrimonio, y le da profundidad y vitalidad.

La Biblia proporciona una descripción clásica del amor *agape* a través de las siguientes palabras y frases (adaptadas de 1 Corintios 13:4-7, RVA-2015):

Paciente
Bondadoso
No es celoso
No es jactancioso ni arrogante
No se comporta de manera inapropiada
No busca sobre todo sus intereses propios
No guarda rencor
No se regocija en el mal, sino en la verdad

Todo lo disculpa
No es cínico ni desconfiado
Espera en todas las situaciones
Soporta todo lo que se le opone

De vez en cuando, veo cómo me va en cada una de estas características del amor *agape*. Me pregunto si soy paciente, bondadoso, celoso, jactancioso o arrogante con Jo Beth... ya entiendes. Te animo a que te hagas la misma prueba con respecto a tu cónyuge o ser querido. Si eres sincero, descubrirás aspectos en los que tú, al igual que yo, necesitas mejorar.

El amor sentimental hace que el matrimonio sea emocionante. El amor fraternal trae diversión e interés a la relación. Sin embargo, estos amores aumentan y disminuyen, surgen y retroceden. El amor *agape*, en cambio, permanece constante y hace que el matrimonio sea seguro. Se necesita un amor eterno para desplazar nuestro egocentrismo y restaurar la pasión y la amistad que cura el egoísmo. Y solo Dios puede darnos este tipo de amor.

BIEN VALE LA PENA EL ESFUERZO

El evangelista Billy Graham perdió a su amada esposa de sesenta y cuatro años, Ruth, en 2007. Durante décadas, su matrimonio fue admirado y observado por millones de personas. En una entrevista después de la muerte de Ruth, su esposo dijo esto:

> Estoy muy agradecido al Señor por haberme dado a Ruth, y en especial durante estos últimos años que pasamos juntos en las montañas. Reavivamos el romance de nuestra juventud, y mi amor por ella continuó creciendo cada día más. La extrañaré muchísimo y espero aún más el día en que pueda unirme a ella en el Cielo[8].

Me sorprende el impacto de sus palabras. El gran evangelista parecía declarar que él y su esposa compartían los tres tipos de amor.

Reavivaron su amor *eros*, el amor de su juventud. Mencionó que estaban juntos en las montañas, lo que evocaba sentimientos de estar escondidos y disfrutar de la compañía del otro. Ese es el amor *fileo*. Por último, el amor *agape* permitió que el amor continuara creciendo y profundizándose. Recuerda, el amor *agape* tiene que ver con el espíritu. Billy profesó un anhelo espiritual para reunirse con ella un día en el cielo. El egoísmo no tiene lugar en esta descripción. Tal parece que Billy y Ruth Graham experimentaron nuestro primer mandamiento matrimonial en acción. Ilustran cómo este mandamiento proporciona el fundamento para un matrimonio feliz y exitoso, hasta que la muerte los separe.

Aunque el matrimonio no siempre es fácil, siempre vale la pena el esfuerzo. Es más, fuera de una relación con Jesucristo, el matrimonio es la relación más sagrada y fabulosa que ofrece Dios. Cuando un hombre y una mujer aprenden a dejar de lado su propio egoísmo y se dan la máxima prioridad el uno al otro, su matrimonio puede llenarse de pasión, satisfacción y poder.

REFLEXIONES SOBRE TU RELACIÓN

1. ¿En qué aspectos específicos de tu relación con tu cónyuge (o ser querido) te encuentras comportándote o pensando de manera egoísta?
2. ¿Qué síntomas específicos de egoísmo puedes identificar en ti?
3. ¿Qué tipo de expectativas tienes para tu matrimonio y tu cónyuge? ¿Cómo puedes comenzar a comunicarle a tu pareja esas expectativas?
4. Realiza la prueba del amor de 1 Corintios 13. Pregúntate si eres paciente, bondadoso, jactancioso, etc., con tu cónyuge. ¿En qué aspectos necesitas mejorar?

UN COMENTARIO PERSONAL

No tendrás ataduras

Cuando nos paramos en el altar, en efecto, le decimos a nuestra pareja que es la número uno. En cambio, si todavía estamos apegados a otras personas, padres o lugares del pasado, nuestro cónyuge en realidad puede que ni siquiera esté entre los diez primeros. Para salir, partir y convertirse en uno, hay que cortar las ataduras.

Segundo
MANDAMIENTO

NO TENDRÁS ATADURAS

La novicia rebelde es uno de mis clásicos del cine favoritos. Basada en la historia real de una familia austríaca patriótica durante la Segunda Guerra Mundial, el musical produjo letras de canciones que se han convertido en parte de la lengua vernácula incluso para las personas que nunca vieron la película. La mayoría de las personas puede al menos tararear «Do Re Mi» y «Mis cosas favoritas».

La trama de la película se desarrolla durante la ocupación alemana de Austria. El capitán Von Trapp es un viudo con siete hijos que contrata a María, una novicia de la abadía local, para que sirva como institutriz. Es una mujer joven de espíritu libre y amante de la diversión, cuya personalidad es un gran éxito entre los niños. Una de mis escenas favoritas de la película es el espectáculo de títeres.

Déjame reconstruir la escena. Los Von Trapp viven en una enorme finca en la hermosa ciudad de Salzburgo. Recibieron un elaborado juego de títeres del tío Max, que está de visita, junto con una baronesa que tiene los ojos puestos en el capitán. Una noche, los niños y María usan su regalo para organizar un espectáculo para el capitán y sus invitados. Cada actor controla un títere de colores brillantes sujeto con cuerdas a una barra transversal de madera, de modo que los movimientos de los títeres se manipulan cuando se tiran de las cuerdas.

Si bien la música y la actuación de los títeres en la película son espectaculares, ¡vivir una vida donde otras personas tiran de tus cuerdas no lo es! Considera la definición de títere del diccionario *Merriam-Webster*:

> El títere se mueve tirando de cuerdas o cables que están unidos a su cuerpo. El muñeco, también llamado títere de cuerda, casi siempre se manipula por diez cuerdas, unidas a cada pierna, mano, hombro, oreja, cabeza y en la base de la columna vertebral. Las cuerdas adicionales proporcionan un control más sensible del movimiento.

Lo curioso es que al titiritero profesional también se le conoce como «el manipulador». Creo que la imagen de un títere nos da una ilustración fascinante de lo que puede suceder si contraemos matrimonio con ataduras a personas que no sean nuestra pareja del nuevo pacto. Mi consejo es que *se corten todas las cuerdas anteriores*.

Analicemos algunos errores comunes que cometen las parejas al permitir que un manipulador tire de sus hilos una vez que se casan. Hace muchos años, los niños permanecían en casa hasta que se casaban. Durante esa época, las parejas jóvenes a menudo tenían dificultades para cortar los hilos que las conectaban con sus padres.

Era una situación común que una jovencita corriera a casa con su papá para pedirle protección, consejo o ayuda financiera. A menudo, la joven novia seguía confiando en su madre para recibir apoyo emocional. Por otro lado, un joven novio muchas veces medía el valor de su novia comparando su hogar con el de su madre. Todas las recetas de comida se medían contra las de una buena mamá.

Hoy en día, sin embargo, las parejas se casan más tarde. Por lo general, los hombres y las mujeres han vivido en varios hogares e incluso han establecido sus carreras profesionales antes del matrimonio. También han establecido una red de amigos y colegas cercanos. Aunque las parejas quizá no estén tan estrechamente ligadas a sus padres, se les han atado aún más cuerdas, las que pueden tirar de ellas y de su enfoque en todas las direcciones diferentes.

Durante una sesión grupal, un consejero les preguntó a tres hombres:

—¿Qué harían si supieran que solo tienen cuatro semanas de vida?

—¡Eso es fácil! —contestó el primer hombre—. Iría a Las Vegas y me divertiría gastando todo mi dinero. No puedes llevártelo contigo, así que más vale que lo viva antes de irme.

El segundo hombre, el humanitario del grupo, dijo:

—Saldría y serviría a otras personas de cualquier manera que pudiera. Les ministraría a las personas y trataría de mejorar sus vidas.

El consejero se volvió hacia el tercer hombre y esperó su respuesta.

—Me mudaría con mi suegra y me quedaría con ella cada minuto de cada día durante las cuatro semanas —respondió el hombre sin dudarlo.

—Eso es un poco extraño —contestó el consejero—. ¿Por qué harías eso cuando hay formas más agradables y productivas de pasar las últimas semanas de tu vida?

—¡Porque esas serían las cuatro semanas más largas de mi vida! —respondió el hombre.

Le pido disculpas a cualquier suegra que esté leyendo esto, pero tú sabes más que nadie cómo los chistes de suegra abundan en nuestra cultura. Nos reímos de ellos, no necesariamente por falta de respeto, sino porque a menudo contienen pequeños elementos de verdad.

Algunos matrimonios disfrutan del amor mutuo y el respeto entre los suegros. Los padres saben cuándo dejar solos a sus hijos y permitirles que resuelvan sus propios problemas matrimoniales. Lo lamentable es que, sin embargo, muchos otros matrimonios tienen que soportar la intromisión constante de los suegros o de otros parientes.

La interferencia en el matrimonio, por supuesto, no proviene solo de los suegros bien intencionados. También puede provenir de amigos, otros miembros de la familia, incluso de excónyuges, exnovios y exnovias. No obstante, lo último que necesita una pareja casada es la interferencia externa o interna, lo que nos lleva a nuestro segundo mandamiento para el matrimonio: No tendrás ataduras.

EL MATRIMONIO: EL DISEÑO PERFECTO DE DIOS

Cuando el francés Frédéric Auguste Bartholdi diseñó la Estatua de la Libertad, supo que tenía que estructurarla de manera adecuada. Los vientos en el puerto de Nueva York empujarían y tirarían de la enorme masa de cobre y la destrozarían si la estatua no se construyera como es debido. Incluso, el monumento podría colapsar por su propio peso si sus componentes no se colocaran e integraran bien.

Por lo tanto, Bartholdi recurrió a Gustave Eiffel, un ingeniero civil que construyó la famosa torre que lleva su nombre. Para la Estatua de la Libertad, Eiffel construyó un núcleo de acero y hierro y, luego, fijó los soportes del marco a su parte central. El conocimiento de Eiffel sobre qué partes deberían estar unidas y cuáles deberían tener cargas separadas hizo posible la amada estatua que le da la bienvenida al mundo a Estados Unidos.

De manera similar, Dios diseñó con sumo cuidado la estructura del matrimonio para que resistiera todo tipo de tormenta. Su principio clave de diseño para matrimonios fuertes se puede resumir en dos palabras: dejar y unir.

Incluso en el matrimonio, ciertos elementos deben unirse por razones de fuerza, mientras que otros componentes deben separarse, a fin de que su peso combinado no destruya toda la estructura.

EL PLAN DE DIOS PARA EL MATRIMONIO

Justo al principio de la relación de Adán y Eva como marido y mujer, Dios le dijo a la pareja: «Por tanto, dejará el hombre a su padre y a su madre, y allegarse ha a su mujer, y serán una sola carne» (Génesis 2:24, RVA).

Este mandamiento aparece cinco veces en la Biblia[1]. Ahora bien, cuando Dios dice algo, sabemos que es importante. Cuando declara algo dos veces, podemos marcarlo con un asterisco o subrayarlo. ¡Pero cinco veces! ¿Entiendes la idea de que está tratando de llamar toda nuestra atención? Siempre que Dios considera algo lo bastante significativo como para decirlo cinco veces, podemos estar seguros de que es de vital importancia. Será mejor que lo hagamos como se debe.

La declaración de Dios a Adán y Eva contiene tres palabras cruciales: dejar, allegar y carne. Comprender estas tres palabras proporciona la clave para entender la manera en que Dios quiso que marchara el matrimonio. Creo que todos los problemas matrimoniales se derivan del hecho de que el esposo o la esposa no siguieran por completo las instrucciones en Génesis 2:24 para dejar, unir y ser una sola carne. Entonces, si podemos hacer esto como es debido, estamos en camino hacia matrimonios más saludables, fuertes y felices.

UN HOMBRE Y UNA MUJER SE UNEN

En nuestra cultura, cuando un hombre y una mujer idóneos se encuentran y expresan un interés mutuo, a menudo comienza una relación de pareja. Durante este período de noviazgo, la pareja descubre diferencias y similitudes en objetivos, deseos, sueños, y hasta en los gustos y disgustos. A la larga, pueden unirse en matrimonio.

Unidos... como el pegamento

Cuando esto sucede, Dios les instruye al esposo y a la esposa a que dejen la influencia de los padres que tuvieron en la infancia y la juventud, a fin de que se unan el uno al otro. *Allegarse* es nuestra palabra para pegamento. Y no solo pegamento, ¡sino pegamento extrafuerte!

Aprendí de la manera más difícil a ser muy cuidadoso al trabajar con el pegamento extrafuerte. Debo reconocer a Jo Beth, pues intentó advertírmelo. Cuando le dije que por accidente pegué el pulgar con el índice, con amor y paciencia (y un poco lenta, podría añadir) entró en el baño y tomó un líquido de olor penetrante que ayudó a separar mis dedos. Salí con una comprensión nueva por completo de una sola carne. Con suficiente pegamento extrafuerte, la unión habría sido demasiado estrecha para romperse sin dañar la carne de uno o ambos dedos.

Así de fuerte debe ser el vínculo del matrimonio.

Unidos... como velas

La mayoría de nosotros hemos asistido a una boda en la que los novios encienden una vela de unidad. En el altar se encuentra un candelabro con tres velas, una grande entre dos más pequeñas. En el momento apropiado del servicio, la novia y el novio toman las velas más pequeñas, que representan sus vidas por separado, y juntos encienden la vela más grande. Cuando terminan de encender esta vela de la unidad, apagan la suya, simbolizando que ya no son dos personas, sino una.

Debo confesar que no creo que esta imagen exprese mejor lo que sucede de veras cuando se casan dos personas. Creo que Dios tiene la intención de que cada cónyuge mantenga su propia identidad. La novia sigue siendo la novia, y el novio, el novio; de seguro que siguen siendo hombre y mujer; ambos mantienen sus propias personalidades, necesidades y dones. Sin embargo, en el matrimonio, cada individualidad se une para crear algo más fuerte y profundo que lo que existía antes. ¡Ahora son marido y mujer!

Cuando un hombre y una mujer dejan y se allegan, se convierten en uno. Esto es lo que me gusta llamar las matemáticas divinas de Dios. ¡Uno más uno es igual a uno! Ahora hay una carne, un plan, una unidad matrimonial.

Si cada pareja tuviera una comprensión clara de lo que deben dejar y lo que deben allegar, cada matrimonio podría disfrutar de la confiabilidad estructural que Dios diseñó al principio. Ninguna tormenta podría derribarla.

LOS TÍTERES

Recuerda que al que tira de los hilos de un títere se le llama titiritero o manipulador. Con los años he visto situaciones en las que hay varios manipuladores tirando de las cuerdas. Al igual que en la escena de *La novicia rebelde*, cuando varios titiriteros están involucrados, ¡se produce todo tipo de confusión! Si a una nueva novia, o nuevo novio, lo manipula una cuerda antigua, es imposible que la pareja de pacto se mueva en la misma dirección. Esto establece una posición precaria para una pareja. Aquí tienes algunos de los titiriteros que he observado a lo largo de los años.

Padres titiriteros

¿A qué se refiere Dios cuando nos dice que debemos dejar al padre y a la madre? Permítanme señalar primero lo que no dice Él.

De ninguna manera Dios sugiere que terminemos nuestras relaciones con nuestros padres cuando nos casemos. Solo quiere que sepamos que nuestros padres ya no son las figuras preeminentes de nuestra vida; nuestra pareja ahora tiene esa eminente posición.

Sin duda, cada madre ocupa un lugar que ninguna otra mujer puede ocupar en la vida de su hijo. En cambio, una vez que se casa, ella ya no es la mujer número uno en su vida. Ese lugar ahora está reservado para su esposa. Del mismo modo, aunque nadie puede tomar el lugar del papá de una hija, el esposo de la mujer, no su padre, es el hombre más importante en su mundo.

Las parejas casadas deben recordar que han entrado en una relación en la que se comprometen a honrarse mutuamente, a ocuparse de las necesidades de cada uno, obedecerse y mantenerse el uno al otro en todos los sentidos. Los hijos que se casan deben dejar a sus padres y estos deben dejarlos partir.

Nuestra definición de títere nos informó que a cada títere le atan diez cuerdas. Creo que cuatro de estas cuerdas las manipulan sobre todo los padres titiriteros. Estas son las que están conectadas a los oídos y a las manos. Déjame explicar.

Las cuerdas del oído

Debido a que con frecuencia dependemos de los consejos de nuestros padres, la primera cuerda de títere que sugiero cortar es la del oído o de la consejería. Esta cuerda es vieja y fuerte. Los padres brindan nuestra principal fuente de asesoramiento desde el momento en que nacemos. Nos animan, nos advierten y nos aconsejan con la cuerda del oído. Lo queramos o no, escuchamos sus consejos desde el nacimiento. En una relación sana, esta cuerda nos sirve de mucho antes del matrimonio. En una relación parental poco saludable, esta cuerda se puede apretar demasiado.

Puedes decirles a tus padres que corten esa cuerda, o darles esta sección del libro y dejar que lean estos dos puntos. Después de todo, es mejor que los padres inicien este corte. Así que estos dos puntos están escritos principalmente para los padres.

A medida que los hijos crecen, necesitan consejos sabios y buenos. Los padres se sienten bien cuando los necesitan. Sin embargo, después del matrimonio, los padres deben retroceder y dejar que los hijos casados resuelvan sus problemas por su cuenta.

Como padre, sé que esto es difícil de hacer. Mi hijo mayor, Ed, fue el primero de nuestros hijos en casarse. Si preveía que se avecinaba un problema o pensaba que sabía lo que debía hacer en una situación determinada, siempre quería intervenir y explicarle cómo ser el marido ideal. Entonces, Jo Beth me daba un ligero codazo o me lanzaba una «mirada», recordándome que sabía muy poco acerca de ser el esposo ideal.

De la misma manera, cuando surjan conflictos o problemas entre parejas casadas, nunca deben llamar primero a mamá y papá para pedirles consejo. Más bien, deben acudir el uno al otro y, usando los principios establecidos en la Palabra de Dios, tratar de resolver en oración sus propios problemas, buscando el consejo de los padres solo si es necesario.

> Nunca deben tolerarse las críticas de los suegros hacia un cónyuge.

Además, nunca deben tolerarse las críticas de los suegros hacia un cónyuge. Recuerda que dentro del pacto matrimonial los dos se convirtieron en una sola carne. Aceptar las críticas de tus padres hacia tu pareja es, en esencia, aceptar las críticas hacia ti mismo.

Aconsejé a una pareja que se casó y se mudó a la casa que la novia tenía antes del matrimonio. Cuando la madre del esposo vino a visitarlos, se quedó en su casa mientras la pareja trabajaba. Un día, al regresar a casa, la novia abrió un armario de cocina para tomar un vaso. Para su sorpresa, no había vasos. En su lugar, su estante de especias estaba reorganizado con sumo cuidado y ocupaba el espacio donde estuvieron los vasos durante años. Sintiéndose inquieta, abrió otros armarios y cajones. Todos estaban reorganizados. Confundida, se lo señaló a su esposo.

Al parecer, su suegra decidió que la cocina no estaba bien arreglada. Ahora que su hijo vivía allí, quería que tuviera una cocina bien organizada, una que «tuviera más sentido». Daba a entender que, dado que la novia era una mujer de carrera, tal vez la cocina no fuera su zona de comodidad. Amigos, déjenme decirles que este joven por un momento consideró que la querida mamá podía tener razón. Y déjame decirte que lo animé de manera encarecida a darse cuenta de que ella lo estaba atrayendo a un territorio peligroso con su bien intencionado truco de la empresaria de estilo de vida Martha Stewart. De inmediato, vio la sabiduría de cortar esa cuerda.

Entonces, ¿significa esto que un suegro nunca debe ofrecer consejo o asesoría? Por supuesto que no. A veces, todas las familias necesitan consejería externa. Si eres padre o suegro, puedes ofrecer una perspectiva valiosa. Sin embargo, recuerda que los padres sabios entienden que deben escuchar a todas las partes, incluyendo la posición de los suegros de tus hijos. Mientras tanto, escucha en silencio, ora y anima.

Una pareja, a la que llamaré Miguel y Carla, vivió una temporada horrible en su matrimonio. Miguel se había vuelto adicto a la pornografía. Te diré primero el final. Hoy en día, la pareja está felizmente casada y tiene tres hijos, y Miguel está libre de su adicción. Sin embargo, durante esa temporada oscura, me intrigó la posición que adoptó el padre de Carla. Cuando la pareja en apuros les reveló a sus padres su situación, su padre oró por su yerno. Le ofreció apoyarlo en sus oraciones, así como palabras amables sobre el hombre que sabía que podía ser Miguel. Además, animó a su hija a que examinara su corazón y su compromiso con el pacto matrimonial. Su padre le recordó con amor que su esposo tenía heridas del pasado desde su niñez. A diferencia de su propia experiencia de la infancia, Miguel se había quedado en gran parte solo y distanciado de una madre alcohólica y un padre que se apartó en lo emocional.

Durante un tiempo, la pareja se separó para resolver sus problemas por separado. Permanecían en contacto diario debido a sus hijas pequeñas, pero Carla y las niñas se mudaron temporalmente con sus padres. Miguel recuerda que cada vez que visitaba a su esposa e hijas, su suegro lo recibía como si no tuviera nada de qué avergonzarse. Lo trataba con afecto paternal. Como padre, sé que el corazón del padre de Carla debe haberse roto por su hija. Sin embargo, como seguidor de Cristo, una y otra vez ponía el pacto matrimonial antes que sus propios sentimientos de Papá Oso. Él nos da un hermoso ejemplo de sabiduría ofrecida con gracia e igualdad.

Ahora bien, la persona que dejó, o va a dejar, a la madre y al padre: Establecer un hogar no significa que deba terminar la relación con sus padres. Debes dejarlos, no abandonarlos ni renunciar a toda su influencia. Después del matrimonio, debemos seguir obedeciendo el mandato del Señor de honrar a nuestra madre y a nuestro padre. La experiencia de los padres, ganada con tanto esfuerzo, aún puede desempeñar un papel vital en la vida de sus hijos casados. La Biblia contiene muchos ejemplos maravillosos de eso.

Considera a Noemí, la consumada suegra que tuvo una hermosa relación con su nuera Rut. Y recuerda a Jetro, el suegro de Moisés. Jetro llevó a Moisés a un lado y le dijo que desfallecería con tanto trabajo. Le aconsejó cómo ser un líder y administrador más eficiente. Moisés siguió el consejo de su suegro e hizo que su vida y su servicio a Dios fueran mucho más eficaces.

Para los padres, no siempre es fácil cortar las cuerdas y permitir que sus hijos se vayan y comiencen sus propios matrimonios y familias. Del mismo modo, es difícil para algunos hijos casados dejar atrás la seguridad de los estilos de vida en los que crecieron. No obstante, si quieres un matrimonio saludable, debes dejar atrás la red de seguridad de tus padres y crear tu propio hogar, un dulce hogar.

Las cuerdas de la mano

Cortar la cuerda de la mano también se puede referir a cortar las cuerdas de la bolsa. Debido a que algunas parejas casadas se mantienen demasiado apegadas a los padres y suegros por razones relacionadas con el dinero, sugiero que los padres corten las cuerdas económicas. No hacerlo puede hacer que la pareja sea dependiente o incluso resentida.

Cuando murió el esposo de Karen dejándole una fortuna, les prodigaba a sus hijos casados y sus familias con casas, autos y todos los lujos que deseaban. Sin embargo, los actos de generosidad de Karen siempre llegaban con una trampa. Cada vez que uno de sus hijos tomaba una decisión que cuestionaba, Karen decía: «A pesar de todo lo que he hecho por ti, sigues sin hacer lo que quiero». Sus hijos se volvieron muy dependientes de ella para llenar sus manos extendidas, por lo que también fueron fáciles de manipular. No es de extrañar que se llenaran de mucho resentimiento, al igual que sus cónyuges.

Ana y Guillermo tuvieron una visión más saludable. Analizaron cuál sería el apoyo que sus hijos recibirían de ellos una vez que alcanzaran la edad adulta. Decidieron que ayudarían a sus hijos a establecerse y después se retirarían para que los hijos pudieran mantenerse a sí mismos. Ana y Guillermo pagaron casi todos los gastos universitarios y ayudaron tanto a su hijo como a su hija a comprar sus primeras casas. Luego, aunque tenían mucho dinero, Ana y Guillermo redujeron su apoyo financiero para los hijos y sus familias. Al cortar la cuerda de la mano, la familia de Ana y Guillermo disfrutaba de una relación libre de manipulación y culpa.

Ana y Guillermo siguieron el método de independización del águila. El ave madre saca a un polluelo del nido antes de que el aguilucho aprenda a volar. Cuando el ave joven se acerca al suelo, la madre se abalanza sobre él y lo lleva sobre su espalda. Poco a poco, a través de este ejercicio aterrador, el aguilucho aprende a batir sus alas y sostenerse en el aire. De manera similar, la independización financiera puede ocurrir dentro de una relación humana de padre-hijo.

Dios llama a los hijos casados a dejar a sus padres. Gran parte de esto se puede lograr cortando las cuerdas de las orejas y manos. Sin embargo, las parejas casadas con éxito aprenden que necesitan dejar más que solo a sus padres.

Extitiriteros

Las cuerdas de los hombros

La cuerda que está unida al títere por el hombro hace que el títere gire cuando se manipula dicha cuerda. Todo el lado del títere gira alrededor. Desde la perspectiva del público, el títere parece que mira hacia atrás por encima del hombro.

Del mismo modo, cuando miramos hacia atrás a las relaciones pasadas, trayendo siempre una comparación, buena o mala, a nuestros matrimonios, nuestro pasado nos controla. Esta es una cuerda que debe cortarse.

Hace años, Willie Nelson y Julio Iglesias entonaron una canción popular: «To All the Girls I've Loved Before» [A todas las chicas que he amado antes]. Todavía puedo escucharlos alabando a todas sus antiguas novias mientras cantaban. A pesar de Willie y Julio, los hombres tienen que dejar a las chicas que amaron antes, y las mujeres deben dejar a sus novios anteriores. Es un gran error aferrarse de forma activa a los recuerdos de los amores pasados. Los esposos y las esposas deben dejar atrás esas relaciones y darles su total afecto y sentimientos de amor a sus parejas.

Aferrarse a todas las chicas o chicos que amaron antes puede conducir al síndrome del césped más verde. Es solo cuestión de tiempo antes de que estalle el conflicto en su matrimonio. Si no dejas tus amores pasados en el pasado, te sentirás tentado a realizar comparaciones mentales de tu pareja con esa persona. Pensamientos tales como: «Si al menos me hubiera casado con Álison», o «Sé que Jaime habría actuado de manera diferente en esta situación», pueden crear una brecha entre esposo y esposa.

Tú y yo sabemos muy bien que no hay césped más verde. Cada prado tiene su parte de abrojos, malas hierbas y espinas. Entonces, ¿cómo se obtiene un césped más verde? Regando el césped que ya tienes. Riega y cultiva lo que tienes con tu pareja, en lugar de mirar con nostalgia las relaciones anteriores.

Me doy cuenta de que mi esposa y yo somos un tanto raros. Nos conocemos de casi toda la vida. Es más, nos conocimos en la guardería de la iglesia. No, no estábamos dejando a nuestros hijos;

¡nosotros éramos los niños! Me gusta decirle a la gente que Jo Beth trabajaba en la guardería y que yo estaba en una cuna, pero eso no es cierto. Crecimos en el mismo pueblo, asistimos a la misma iglesia y nos graduamos en las mismas escuelas. Así que siempre que hablo de un evento especial o de amigos del instituto, ella sabe con exactitud a lo que me refiero: estaba allí, y viceversa.

Si tienes en común ese tipo de historia con tu pareja, está bien hablar sobre lugares y experiencias pasadas. No obstante, supongo que la mayoría de las personas conocieron a su esposo o esposa un poco más tarde en la vida que durante los años del uso de los pañales. Casi todos ustedes tenían una vida antes de conocer a su pareja. Así que cuando hablan de lugares o eventos especiales de sus días previos al matrimonio, en especial si su pareja no estuvo presente, corren el riesgo de hacer que se sienta excluida o alejada. El hábito de volver la vista atrás te mantiene atrapado en lo que eras antes de entrar en el pacto. En una relación de pacto, ambos deben avanzar con brío, y afrontar el presente y el futuro sin la carga del pasado.

Enredos peligrosos

A menudo creemos que hemos cortado con éxito los lazos con los extititiriteros, sobre todo los de un pasado lejano. Sin embargo, la tecnología ha abierto la puerta para que más titiriteros antiguos entren al espectáculo. El principal lugar de entrada que me preocupa es Facebook. Las conexiones de Facebook parecen muy inofensivas. Por lo general, comienzan con una petición de amistad de amigos y conocidos perdidos hace mucho tiempo. Quizá a un viejo amigo le «guste» una foto tuya y de tu cónyuge. Bastante inofensivo, ¿verdad? En cambio, el *goteo* constante de mensajes ocasionales, o de «me gusta», pueden comenzar a tirar de esa cuerda del hombro, hasta que miramos hacia atrás con un cariño que es desleal a nuestra

> Me han dicho una y otra vez que las parejas entran en aguas turbulentas a través de los enredos de Facebook.

pareja de pacto. Hebreos 12:1 nos dice: «Despojémonos de todo peso y del pecado que tan fácilmente nos enreda» (RVA-2015).

Tenemos un centro de consejería en la iglesia que pastoreo. Me han dicho una y otra vez que las parejas entran en aguas turbulentas a través de los enredos de Facebook. Justo la semana pasada escuché de un chico que asistió a su reunión con compañeros de cuarto grado. Sí, cuarto grado. Resulta que varias personas con quienes asistió a cuarto grado se volvieron a conectar en Facebook. Ah, les pusieron «me gusta» a las fotos familiares de los demás y comenzaron a bromear sin preocupaciones de amistades aparentemente «sin ataduras». No obstante, uno de ellos tuvo la gran idea de que deberían tener una reunión. Los miembros del grupo que se habían mudado viajaron a su antigua ciudad natal. Solo unos pocos cónyuges hicieron el viaje. Pasaron el fin de semana recordando la infancia y acordándose de cómo eran. ¡No hay demasiados secretos inconfesables en un niño de cuarto grado! Sin embargo, estos eran adultos que no sabían nada en lo absoluto acerca de las personas con las que ahora se conectaban. No sorprendería que un par de estas personas estuvieran solas en realidad. En necesidad de consejo, una mujer solitaria recurrió a su amigo de cuarto grado, un hombre que estaba casado y tenía cuatro hijos. Con una esposa y cuatro hijos, debe tener el secreto del éxito, ¿verdad?

No, no lo tiene. Si lo tuviera, nunca habría permitido que esa cuerda del hombro desviara su mirada de su esposa. El escenario está listo. Los personajes se encuentran en su lugar. Se manipulan cuerdas que deberían haberse cortado. ¡Facebook proporciona un escenario para extititiriteros que de otra manera no tendrían forma de entrar a tu espectáculo!

Titiriteros del pasado
Las cuerdas de la cabeza
Nadie puede allegarse con éxito en el matrimonio sin dejar primero los problemas del pasado. Solo después de casarse, algunas personas descubren que no pueden funcionar debido a fracasos previos o abusos sufridos en una relación anterior. Esto difiere de los extititiriteros en

que estos titiriteros quizá tuvieran aventuras de una noche, fueran abusadores sexuales o amoríos insignificantes de corta duración. Sin embargo, las cuerdas se atan. A menudo les hemos dado el poder de manipular a personas que apenas conocíamos. Estas cuerdas son las que imagino atadas a la cabeza: sacan los recuerdos desde un lugar que deseamos que permanezca en el pasado.

Cuando se tiran de las cuerdas de la cabeza, comenzamos a sacar el equipaje de nuestro pasado. Cuando el equipaje lleno de esos problemas pasados se sitúa en medio de la habitación, ya sea en la suite de la luna de miel o en el dormitorio de la casa, lo bloquea todo. Los problemas del pasado afectan de forma negativa la conversación entre los esposos, así como su relación sexual y confianza.

A escasos dos años de cumplir treinta años, Rosa todavía cargaba con la culpa de sus años del instituto cuando su promiscuidad la llevó a tener tres abortos. Cuando se casó con Juan, pensó que ya había lidiado con su pasado. Sin embargo, en la noche de bodas, mientras su esposo la acariciaba, en lo único que podía pensar era en su espeluznante historia. Se puso tensa y fría.

Si queremos que nuestros matrimonios reflejen bien a Dios, es esencial que dejemos nuestros errores pasados justo donde pertenecen: en el pasado. Necesitamos dejar al pie de la cruz las cosas que hicimos y las que nos hicieron. Tenemos que seguir adelante.

Quizá pienses: No sabes lo difícil que es para mí. Cometí un error tan horrible que no puedo perdonarme. No puedo olvidar esto y dejarlo en el pasado.

¿Quieres la llave para deshacerte de esos baúles llenos de trastos viejos? Si es así, lo encontrarás en el principio de confesión y arrepentimiento. Cuando le confesamos nuestro pecado a Dios y nos alejamos del mismo, Él es más que capaz, y está dispuesto a perdonarnos y limpiarnos de toda la basura de nuestro pasado (lee 1 Juan 1:9).

¿Sabes lo que significa por *completo* esa palabra? ¡Significa todo!

> Dios no escoge ni elige qué pecados perdonará y cuáles nos reprochará.

Dios no escoge ni elige qué pecados perdonará y cuáles nos reprochará. De manera literal, nos limpia por dentro y por fuera, y declara cada pecado perdonado y divinamente olvidado. ¿Sabes lo que Dios hace entonces con nuestro pecado? La Biblia dice que Él arroja nuestros pecados a las profundidades del mar (Miqueas 7:19).

Así que pon tus pecados y errores, los que cometiste en el instituto, los que cometiste en la universidad y los que has cometido desde entonces, al pie de la cruz. Luego, déjalos allí para que Dios los recoja y los entierre en el fondo del mar.

Ahora bien, quizá algunos de ustedes estén luchando con las ataduras vinculadas al abuso. Mi corazón se rompe por ustedes, al igual que el de su Padre celestial. No estoy diciendo que lo superen; sino que sugiero que salgan de su control. La mejor manera que sé para superar el dominio del abuso es sacando las tijeras de cortar más grandes y poderosas, y cortar las cuerdas ustedes mismos. Las tijeras de cortar se llaman perdón. El perdón es un recurso poderoso. Perdonar a alguien que te hace daño, pero que suplica tu perdón, es difícil. Perdonar a alguien que te ofende, pero que nunca se arrepiente, parece imposible... y es imposible en tu propia capacidad humana. Sin embargo, el perdón que el Espíritu Santo te permite ofrecer a través de su poder, le proporciona un bálsamo sobrenatural a tu propia alma. Este perdón no tiene nada que ver con liberar de la culpa al malhechor. Tiene todo que ver contigo al liberarte de la manipulación de los recuerdos sórdidos y de la confianza rota. Eres tú el que corta las cuerdas, dejando al malhechor sin ataduras a ti, e impotente sobre tu cabeza, corazón y cuerpo.

Amigos titiriteros
Las cuerdas de las piernas
Dado que los hombres y las mujeres esperan más para contraer matrimonio, es probable que las amistades cercanas con miembros de ambos sexos pasen a un primer plano. A menudo, los hombres y mujeres que han permanecido solteros han formado comunidades muy unidas dentro de las cuales disfrutan de intereses comunes, pasan tiempo recreativo y, en general, hacen su vida. Esta es una

manera saludable para que los hombres y mujeres solteros disfruten de la intimidad emocional y espiritual. Sin embargo, después del matrimonio, esta comunidad debe dar un gran paso atrás. El peligro de recurrir a los amigos en lugar de a tu cónyuge para una intimidad espiritual o emocional es profundo. Permitir que los amigos mantengan las cuerdas atadas a ti después del matrimonio pone en peligro de inmediato el compromiso hecho el uno con el otro. Me imagino las cuerdas atadas a las piernas del títere. Si no se cortan las cuerdas de las piernas, los recién casados a menudo se encuentran desequilibrados. Intentan mantener un pie plantado con firmeza en su anterior estilo de vida de solteros, mientras que la otra pierna trata de caminar al lado de su pareja de pacto. Esto no da resultado. ¡La tensión en el matrimonio puede ser casi tan insoportable como tener dos cuerdas tirando de las piernas en dos direcciones diferentes!

Empezaré con el sexo opuesto. Permíteme decir en términos claros que, después del matrimonio, hay que tener muchísimo cuidado de estar a solas con un amigo del sexo opuesto. No puedo enfatizar esto demasiado. Bajo ninguna circunstancia debes inclinar tus oídos para obtener una opinión sobre lo que tu cónyuge podría estar pensando. Nunca debes pedirles consejos matrimoniales. Deben terminar los días de tu intimidad emocional con ellos.

Ahora hablemos de las amistades del mismo sexo. Las mujeres a menudo tienen un grupo muy unido de otras mujeres con las que oran, se confían y disfrutan de intereses comunes. El truco es que una vez que una mujer se casa, necesita desarrollar el hábito de recurrir a su esposo para la conectividad emocional y espiritual. Antes de casarse, esta comunidad ha formado una relación de tipo comité. Todos los novios y las fechas se discuten sin reparos entre el grupo. En cambio, después del matrimonio, las mujeres nunca deben ventilar sus decepciones o frustraciones con sus esposos en un entorno grupal. No hay espacio para un comité de mujeres dentro de un matrimonio. Si necesitas asesoramiento externo, busca un consejo piadoso e imparcial.

De la misma manera, los hombres a menudo tienen amigos con los que disfrutan de las cosas de hombres. Esta es una práctica saludable cuando se equilibra con una recreación conyugal de calidad. No obstante, si el tiempo de los hombres incluye alguna actividad a la que te avergonzaría traer a tu esposa, está prohibido para ti. Además, quejarse de tu esposa ante los hombres es inaceptable. Y, por último, tu cama matrimonial nunca debe discutirse con tus amigos. Esto es una deshonra para tu esposa y para tus votos matrimoniales.

ALLEGARSE AL PACTO
Pronunciar un pacto entre ellos y con Dios

Cortar las cuerdas es importante. Sin embargo, tan importante como cortar esas cuerdas, o dejar esos lazos emocionales, es solo un primer paso. El matrimonio es una danza de dos pasos, y el allegarse es el segundo paso. Con eso en mente, veamos algunas cosas importantes a las que debemos allegarnos.

Primero, nos allegamos al pacto del matrimonio. Cuando una pareja se para frente a mí en el altar, siempre digo algo como esto: «¿Prometes amar y apreciar, honrar o sustentar en la enfermedad como en la salud, en la pobreza como en la riqueza, en lo malo que puede oscurecer tus días y en lo bueno que puede aligerar tus caminos? ¿Lo prometes así con la ayuda de Dios?».

Todavía no he realizado una boda en la que una novia o un novio respondieran: «¡No quiero!». Algunos han tardado un poco en expresarlo, pero siempre responden: «Sí, quiero». Y de veras creen con todo su corazón que mantendrán estos votos.

¿Qué sucede en ese momento del «Sí, quiero»? En el intercambio de votos, el hombre y la mujer sellan un pacto entre ellos y con Dios. Es como si se sentaran a una mesa con Dios para convencerlo a Él, y a su familia y amigos, de que quieren pasar juntos sus vidas… de manera exclusiva. Y Jesucristo pone su brazo alrededor de la pareja y dice que sí. Dios el Padre es testigo de la transacción y se establece un pacto sagrado. El Señor Jesús pronuncia la bendición: «Por tanto, lo que Dios juntó, no lo separe el hombre» (Mateo 19: 6, RV-60).

¿Recuerdas nuestra ilustración del triángulo sobre el pacto matrimonial? Dios está en la cúspide, con el esposo y la esposa en sus respectivas esquinas en la base. A medida que los cónyuges se acercan más a Dios, en realidad se acercan más el uno al otro. El resultado de tal relación de pacto es un matrimonio satisfactorio y dinámico.

Contrastes entre el pacto y el contrato

Ya sea que te casaras en una iglesia cristiana, ante un juez de paz o en una capilla de bodas rápidas en Las Vegas, todavía participaste en un acuerdo de pacto establecido por Dios en el que Él nos dijo que dejáramos y nos allegáramos.

El matrimonio es un pacto, no un contrato. En un mundo caótico en lo moral y social, y donde la mitad de los nuevos matrimonios se rompen a través del divorcio, los acuerdos prenupciales, un arreglo contractual, se han vuelto cada vez más de moda. Arlene Dubin, abogada neoyorkina especializada en divorcios, dice que alrededor del veinte por ciento de las parejas comprometidas para el matrimonio buscan acuerdos prenupciales[2].

Considera los marcados contrastes entre un pacto matrimonial y un contrato.

PACTO	CONTRATO
Se basa en el amor	Se basa en la ley
Lo motiva el compromiso	Lo motiva la compulsión
Asume una relación de «hasta que la muerte nos separe»	Prepara para que el matrimonio fracase
«Lo que es mío es tuyo»	Protege lo que es «mío»
«Tus intereses son mis intereses»	Asegura «mis» intereses
Prepara para la vida en común	Prepara para la vida aparte

Las parejas que buscan acuerdos contractuales parecen esperar que alguien, o algo, separe lo que juntó Dios. Parecen ver tal acuerdo como una manera fácil de abrir la puerta trasera para una escapada rápida y limpia.

Si decides tener el matrimonio solo como un contrato legal, pueden permanecer juntos, incluso pueden amarse profundamente, pero todo lo que tendrás es a ti, a tu pareja y al Estado. Te perderás la relación dinámica que solo viene con el vínculo espiritual y la intimidad de un pacto divino. La fórmula de Dios, y solo su fórmula, le da significado, creatividad y chispa a un matrimonio.

Allégate a la sagrada realidad del pacto matrimonial. Y entiendan que lo que Dios junta, no los puede separar ningún hombre, ninguna cosa ni ninguna cuerda.

ALLÉGATE A LOS PRINCIPIOS DE DIOS

Aplica su «verdadera» verdad

La Biblia es nuestro manual para cada etapa de la vida, incluido el matrimonio. Nos da instrucciones para cada aspecto importante del matrimonio: con quién casarnos, cómo mantener y hacer crecer un matrimonio fuerte y saludable, y cómo ayudar y sanar un matrimonio dañado.

El único principio bíblico que hemos estado explorando en este capítulo (dejar y allegarse) es suficiente para ayudar a una pareja a superar cualquier tipo de crisis. Sin embargo, la Biblia contiene sabiduría adicional sobre cómo afrontarlo todo, desde los conflictos más pequeños hasta las crisis más grandes. Incluso, si el matrimonio se fragmenta, podemos darle las piezas a Dios, aplicar los principios mostrados en las Escrituras y verle hacer una obra de restauración sobrenatural.

Cada uno de los diez mandamientos del matrimonio en este libro está arraigado en los principios de Dios, su «verdadera Verdad». La clave para usar los principios de Dios en tu matrimonio es asegurarte de que no solo leas sobre ellos, sino que los apliques a todos los aspectos de tu matrimonio.

Cuidado con la «canción de amor»

Lo lamentable es que muchos de nosotros somos como las personas sobre quienes Dios le advirtió a Ezequiel. El profeta le enseñó los principios de la vida de Dios a la gente de su tiempo. Los que estaban en la multitud se volvieron y dijeron: «¡Vamos a escuchar el mensaje que nos envía al Señor!». Entonces, Dios le dijo a Ezequiel lo que sucedía de veras:

Y vienen a ti como viene el pueblo, y se sientan delante de ti como pueblo mío, oyen tus palabras y no las hacen sino que siguen los deseos sensuales expresados por su boca, y sus corazones andan tras sus ganancias. Y he aquí, tú eres para ellos como la canción de amor de uno que tiene una voz hermosa y toca bien un instrumento; oyen tus palabras, pero no las ponen en práctica. Y cuando suceda, como ciertamente sucederá, sabrán que hubo un profeta en medio de ellos. (Ezequiel 33:31-33)

Dios nos hace la misma advertencia hoy. Aunque algunos pueden felicitar al pastor por su sermón e incluso invitar a las personas a la iglesia, para muchos es como si hubieran escuchado una «canción de amor». Se entretienen, pero no llevan los principios que escucharon al centro de sus vidas ni los ponen en práctica.

> Los esposos y las esposas no tienen que estar juntos todo el tiempo. En cambio, sí necesitan estar juntos en sus corazones.

No cometan tal error en su matrimonio. Escuchen los principios de Dios, asegúrense de comprenderlos, pónganlos en práctica y cosechen la encantadora relación que Dios quiere que disfruten.

ALLÉGATE A TU PAREJA

Mi anterior ilustración del pegamento extrafuerte podría haber llevado a algunos lectores a pensar que cortar significa que un esposo y una esposa deben volverse inseparables. Sin embargo, eso no es lo que significa allegarse. Los esposos y las esposas no tienen que estar juntos físicamente todo el tiempo. ¿Cómo sería posible tal cosa? En cambio, sí necesitan estar juntos en sus corazones.

¿Parece cursi? Tal vez lo sea. No obstante, puedo decir que Jo Beth siempre está en mi corazón y que yo siempre estoy en el suyo. Lo que es importante para ella es importante para mí. Lo que me preocupa, le preocupa a ella. Cuando ella se siente insultada, yo me siento insultado. Cuando estoy herido, ella está herida. Nos fortalecemos, nos animamos, nos abrazamos. En otras palabras, nos allegamos, tanto en los buenos tiempos como en los malos. Somos pareja de pacto. Y así como Eva completó a Adán, Jo Beth me completa a mí.

Volviendo a nuestra ilustración del títere, hay una cuerda restante de la que no hemos hablado. Se trata de la que está conectada a la columna vertebral. La columna alberga el sistema nervioso central de todo el cuerpo. Es el radar del género humano. En un títere, esta cuerda es la principal cuerda operativa. Estabiliza el núcleo, haciendo posibles todos los demás movimientos. Esta cuerda no necesita que se corte.

Quiero que te imagines un nuevo diseño. Atrás quedaron las cuerdas controladas por los titiriteros padres, los ex, el pasado y los amigos. Solo Dios es el que ahora sostiene las barras transversales. Él supervisa a la pareja que en este momento se encuentra hombro con hombro, conectados entre sí por una sola cuerda del corazón, y cada uno conectado a Él por otra. Si Dios te estabiliza en el centro y te conectas a tu pareja a través del corazón, eres libre para moverte y danzar con un abandono seguro. En realidad, la libertad de las viejas cuerdas te brinda una mejor estabilidad. Mientras danzan juntos por la vida, están unidos por igual el uno al otro, y firmemente unidos a su Padre celestial. Esta *unidad* solo es posible cuando cortamos las cuerdas que nos atan a nuestros padres, a las personas, a los problemas y a los lugares de nuestro pasado, y nos allegamos al sagrado pacto del matrimonio, a los principios de Dios y a nuestras parejas.

DOS SE CONVIERTEN EN UNO

Hace años, cuando vivía en las montañas de Carolina del Norte, algunos hombres de mi iglesia me convencieron de que hiciera un viaje para cazar osos. Después de subir a la cima de un acantilado, me acomodé y empecé a orar para que no apareciera un oso.

Ah, pero la vista desde donde estaba sentado valió la pena. Podía mirar hacia abajo y ver dos arroyos que se unían para formar un hermoso río. Uno de los arroyos traía bastantes escombros de la montaña como resultado del deshielo de la nieve. El otro parecía un poco limoso. Así que me senté y observé cómo estos riachuelos fluían tranquilamente... hasta que se encontraron. En el punto de convergencia, estos dos riachuelos se convirtieron en agua blanca y agitada.

No más arroyos pacíficos y balbuceantes, sino rápidos ruidosos y rugientes. Cada arroyo trajo todos los escombros que bajaron con él desde más arriba en la montaña. Cuando miré más allá de esos rápidos hacia donde los dos se convirtieron en un solo curso de agua, vi que se volvieron claros, limpios y tranquilos. Parecían fluir en armonía.

Así es en el matrimonio. Cuando dos personas se convierten en una sola, puede haber una convergencia explosiva a medida que se ajustan a la nueva relación. Entonces, a medida que avanzan río abajo, sucede algo maravilloso: la unidad.

Si queremos tener esta unidad en nuestros matrimonios, debemos hacer todo lo posible para allegarnos a nuestras parejas de manera física, emocional y espiritual. Somos sabios si lo hacemos tal como Dios lo planeó cuando dijo: «Por esta causa, dejará el hombre a su padre y a su madre, y allegarse ha a su mujer, y serán una sola carne» (Génesis 2:24, paráfrasis). Esa es la imagen de Dios para la verdadera unidad dentro del matrimonio. Y a medida que caminemos en su principio que es dejar y allegarnos, cortar y conectar, cumpliremos la promesa de la unidad.

Siempre da resultado.

REFLEXIONES SOBRE TU RELACIÓN

Si estás casado:

1. ¿De quién dependías más antes de casarte?
2. ¿Cómo ha afectado esa relación previa al matrimonio?
3. Describe el principal lazo entre tu cónyuge y tú.

4. ¿Qué cuerdas específicas necesitas cortar a fin de intensificar los lazos entre tu cónyuge y tú?

Si consideras casarte o te preparas para el matrimonio:

1. ¿De quién dependes más en este momento?
2. ¿Cómo prevés que esa relación cambie una vez que se casen?
3. Describe varios aspectos de sus vidas en las que tu ser amado y tú hayan crecido juntos durante el noviazgo.
4. ¿Qué cuerdas necesitan cortar mientras se preparan para el matrimonio?

UN COMENTARIO PERSONAL

No dejarás de comunicarte nunca

Hombres, escribí este capítulo pensando de manera especial en ustedes. Las mujeres son Phi Beta Kappa en la comunicación (casi siempre), mientras que nosotros los hombres tendemos a ser del tipo fuerte y silencioso (o al menos fingimos serlo). Permite que tu esposa sepa lo que está pasando en tu vida. Este mandamiento representa un papel importante en hacer de tu pareja tu amiga más cercana. La conclusión es: ¡aprende a comunicarte!

Tercer
MANDAMIENTO

NO DEJARÁS DE COMUNICARTE NUNCA

Apenas unos días después de comenzar su luna de miel, Roberto y Ana tuvieron un fuerte desacuerdo. Ana se encerró y rechazó todos los intentos de Roberto para discutir el problema. Cada vez que intentaba que ella se franqueara, le respondía con brusquedad: «Todo está bien».

Por último, de manera calmada, Roberto le dijo a su nueva novia que su matrimonio no podía funcionar así. Después de discutirlo, Ana y Roberto acordaron una regla dura y rápida: Nunca usarían el tratamiento del silencio el uno con el otro. Acordaron que, aunque llegaran momentos en los que tuvieran que posponer el debate para calmarse, bajo ningún concepto usarían el silencio como arma. Entonces, a partir de ese momento, hicieron de la comunicación abierta una prioridad.

Roberto y Ana se mantuvieron fieles a ese compromiso y, como resultado, han disfrutado más de tres décadas de feliz matrimonio. A lo largo de los años, Ana les ha dicho a muchas amigas lo mucho que apreciaba que Roberto tomara la iniciativa al comienzo de su vida de casados, a fin de insistir en una comunicación sincera y abierta.

EL FACTOR CRÍTICO

Las personas dan todo tipo de razones por las que creen que cierto matrimonio dará resultado:

- Tienen mucho en común.
- Ambos son de muy buenas familias.
- Los dos son buenos cristianos.

Todas estas son buenas razones y de seguro que pueden contribuir al éxito de una pareja. Sin embargo, creo firmemente que un factor por encima de todos los demás puede hacer o deshacer un matrimonio. Si una pareja hace de este aspecto una prioridad, es probable que disfruten de una relación íntima y significativa de por vida. Si lo descuidan, lo más probable es que terminen en una unión desdichada, si es que el matrimonio dura algo. ¿Cuál es el factor único? La comunicación.

Habla con cualquier cantidad de parejas felizmente casadas y encontrarás un hilo común: la buena comunicación. Por otro lado, si encuestaras a un grupo promedio de hombres y mujeres divorciados, es muy posible que descubras que una falla en la comunicación se encuentra en el núcleo de la mayoría de las separaciones matrimoniales. Sin duda, oirás hablar de la infidelidad y las diferencias irreconciliables, así como de una serie de otras razones. No obstante, en casi todos los casos, con un poco de investigación, descubrirás que todas estas razones se derivan de un problema central: la mala comunicación.

> Demasiadas parejas se hacen la idea de que cuando dicen «Sí, quiero», automáticamente crecen en la intimidad.

Si pudieras sentarte conmigo mientras escucho a parejas que han sufrido infelicidad matrimonial prolongada o divorcio, oirías preguntas como estas u otras similares:

«¿Cuándo dejamos de comunicarnos?».
«¿Por qué ya no hablamos como antes?».
«¿En qué nos equivocamos?».

De manera inconsciente, parejas se hacen la idea de que cuando dicen «Sí, quiero», viven bajo el mismo techo, comen de la misma mesa y duermen en la misma cama, automáticamente crecen en la intimidad. Sin embargo, el simple hecho es que si esas dos personas no se comunican, si solo ocupan un espacio contiguo, no crecen juntas, sino separadas. La buena comunicación entre un esposo y una esposa requiere tiempo y esfuerzo. Y es de tanta importancia que lo he convertido en el tercer mandamiento del matrimonio: Nunca dejes de comunicarte.

COMPRENSIÓN DE LA COMUNICACIÓN CONYUGAL

Debido a que muchos de nosotros no entendemos los fundamentos de una buena comunicación, no es de extrañar que nos sintamos atascados en el establecimiento y mantenimiento de esta en nuestros hogares. La mayoría de nosotros probablemente definiría la comunicación como «la transmisión de información a través del uso de palabras». Dicho de otra manera, si dos personas hablan, se comunican.

La buena comunicación, por supuesto, requiere el uso de palabras. Sin embargo, hay mucho más que eso.

Los factores no verbales como el tono vocal, las expresiones faciales y el lenguaje corporal pueden afectar la comunicación mucho más que las palabras que uno elige. Supongamos que dijera, en un tono de voz sincero y en una postura amistosa: «Eres la persona más amable que he conocido en mucho tiempo». Interpretarías muy bien estas palabras como mi sincera opinión. En cambio, ¿qué pasaría si dijera lo mismo con un cambio en mi tono de voz y mi postura, e inyectando un poco de sarcasmo? En ese caso, transmitiría un mensaje diferente por completo.

Dado que la comunicación es mucho más que la entrega verbal de información, el establecimiento de un diálogo eficaz puede ser una tarea compleja y desafiante. Así que veamos primero lo que dificulta la buena comunicación. Luego, consideraremos algunos principios para una comunicación eficaz y significativa.

LO QUE SE INTERPONE EN EL CAMINO

Comencemos por el principio... a los tiempos en el huerto del Edén. Las cosas nunca han sido las mismas desde que Adán y Eva se lanzaron de lleno al pecado.

Con el propósito de provocar la «caída», la serpiente usó la comunicación negativa, a saber, el engaño (Génesis 3:1, 4-5). Para tratar de engañar a Eva, utilizó una pregunta retórica: «¿Conque Dios os ha dicho: "No comeréis [...]"?»; torció las palabras de Dios a fin de dar a entender que Él la privaba de todos los frutos; y mintió de plano sobre el resultado y los motivos de Dios. Después de engañar a Eva para que comiera el fruto prohibido, animó a Adán a probarlo. Desde entonces, las medias verdades, la manipulación y la franca deshonestidad se han convertido en recursos de comunicación entre hombres y mujeres.

Para mejorar la comunicación, una pareja necesita considerar los obstáculos que la bloquean. Cualquier cantidad de actividades o compromisos puede consumir el tiempo y la energía de una pareja, y evitar que se comuniquen de manera total y profunda. Incluso, las cosas más positivas y que valen la pena pueden consumir un tiempo y una energía preciosos.

Los horarios

Muchos esposos y esposas han cambiado sus matrimonios por sus horarios. De seguro que vivimos en un mundo tan lleno de ocupaciones que nunca parece disminuir la velocidad. En todo caso, se vuelve más ocupado. El trabajo, las citas, las diligencias, la recreación, los hijos, las familias extendidas, todo esto y más contribuyen al vacío de comunicación entre esposos y esposas.

Muchos matrimonios parecen felices y saludables, solo porque el esposo y la esposa tienen muchas cosas en común. Sin embargo, una pareja puede encontrarse rápidamente sin tiempo, energía y sin emoción, y cualquier cosa más que la comunicación más básica puede parecer casi imposible.

La comunicación saludable no puede ocurrir y florecer en un matrimonio en el que las parejas no se toman el tiempo de todas sus ocupaciones para estar juntas. Y si no pueden forjar la comunicación, no logran edificar su matrimonio.

Visito a parejas que están agotadas por sus compromisos individuales y familiares. A menudo, la familia de dos ingresos también se convierte en la familia de dos horarios: el de él y el de ella. Como la vida profesional exige cada vez más tiempo, la vida personal pasa a un segundo plano. Ambos cónyuges tienen compromisos fuera de horario con clientes o jefes.

Incluye a los hijos en la mezcla y toma en cuenta las demandas de horarios aún más exigentes. He escuchado más sobre la hora del baño, la cena, los deberes escolares y la práctica deportiva que en mi propio matrimonio. Hoy en día, las familias están muy comprometidas. Las parejas a menudo se ven solo cuando colapsan en la cama, agotados y exhaustos. La conversación en ese momento es solo un recordatorio para poner la alarma para el día siguiente y así poderlo hacer de nuevo. Sin tiempo para hablar, y mucho menos para comunicarse a nivel íntimo, estas parejas pueden caer en el patrón de solo convivir. La esencia y la profundidad de su relación se desvanecen bajo la carga de cumplir con las expectativas puestas en sus vidas por horarios insoportables.

Los hijos

Si bien los hijos son de seguro el resultado más importante de la intimidad, de igual forma pueden ser su mayor obstáculo. Los hijos traen grandes bendiciones a un matrimonio, pero también traen enormes responsabilidades, quizá las mayores responsabilidades que Dios les confía a las parejas. Los padres les proporcionan la principal fuente de apoyo a estos pequeños seres humanos durante la mayor parte de dos décadas y tal vez más. Sin duda, los hijos hacen que a los esposos y esposas les sea más difícil tener tiempo para la intimidad y la comunicación.

No hay criatura más exigente en el planeta Tierra que un bebé. Solo pregúntale a cualquier padre nuevo. Mi hijo Cliff y su esposa, Danielle, acaban de tener su quinto bebé. Déjame decirte que cuidar a Samuel es un trabajo a tiempo completo. Tienen que alimentarlo, cambiarle los pañales, bañarlo, darle cariño, a menudo en medio de la noche. Y mientras tanto, cuidan a sus otros cuatro hijos. Aun cuando Samuel crezca y madure, requerirá una cantidad extraordinaria de atención; solo cambiará el tipo de atención, no la cantidad.

Como bebés, los hijos necesitan cuidados constantes; como niños pequeños y preescolares, necesitan ayuda para desarrollar la capacidad de hablar, leer e interactuar socialmente. Durante los años de la escuela primaria, los hijos necesitan apoyo emocional y educativo. Y cuando llegan los años de la adolescencia, los padres deben proporcionar horas incontables y una variedad interminable de apoyo y consejos.

Los buenos padres saben que cuando un bebé hambriento llora, no pueden decir: «¡Ahora no, estoy durmiendo!». Cuando tu hijo de cuarto grado pide ayuda con un problema de matemáticas, los buenos padres nunca lo harían a un lado y le dirían: «¡Resuélvelo tú mismo!». Y los padres no deben perder la oportunidad de comunicarse con sus hijos adolescentes cuando quieran hablar sobre conflictos personales en la escuela o las relaciones amorosas. Cuando un hijo necesita de veras atención, y la necesita con frecuencia, un buen padre siempre elegirá prestar esa atención en cada una de las formas necesarias.

Todo esto le quita tiempo a tu cónyuge. Es más, la atención que requieren tus hijos puede llevarlos a convertirse en el centro de tu vida, excluyendo la comunicación e intimidad conyugal.

Al final, cuando el último hijo se va de la casa, y lo hacen a la larga, se presenta el «síndrome del nido vacío». El esposo y la esposa se quedan con cualquier relación que establecieran entre sí mientras los hijos vivían en casa. Lo he visto una y otra vez: parejas sin nada de qué hablar, nada qué compartir. Sin un trabajo importante, un matrimonio así puede acarrear serios problemas.

Hace poco visité a una pareja que ha estado activa en nuestra iglesia durante años. Estaban luchando con la comunicación. Han estado casados por más de treinta años y tienen cinco hijos adultos. Tres de los hijos se independizaron, mientras que los otros dos permanecen en casa terminando la universidad. Él es un médico con una práctica próspera, y ella es una maestra de escuela que está a punto de jubilarse. Sin embargo, no pueden ponerse de acuerdo sobre si ella debería jubilarse o no. Visitando mi oficina, me dijeron que financieramente estaban listos para que ella se jubilara. En cambio, ninguno de los dos es capaz de comunicar de manera eficiente sus deseos con respecto a la jubilación. Al final, el esposo señaló que le gustaría pasar tiempo solo con ella: viajes largos, viajes de fines de semana y ocasionales aventuras espontáneas. Ella lo miró como si se hubiera vuelto loco.

Le pregunté qué pensaba al respecto y parecía incómoda.

—Bueno —comenzó vacilante—. Supongo que en los viajes largos sería bueno hacer un crucigrama en lugar de corregir los trabajos.

—¡Está bien! ¡Está bien! —la alenté—. ¿Y qué hay de esos viajes de fines de semana? ¿Te parece como algo que podrías disfrutar con tu esposo?

—¿Quiere decir sin ninguno de los hijos?

Su esposo asintió enérgicamente. Ella lo miró inquieta.

—¿Qué haríamos? Eso parece un poco solitario.

Ofendido, el esposo me miró en busca de apoyo.

—¿Solitario? Muchas gracias.

—No te enojes, Jaime —respondió ella—. Solo es que no me gusta ninguno de los programas que miras y prefiero hacer cosas con nuestras chicas. Sabes, si vinieran, todos, podríamos reunirnos para cenar.

Vi a esta pareja, que pensaba que tenían un buen matrimonio, luchar con la incomodidad de tener que estar juntos a solas. No habían establecido un hábito de comunicación y camaradería. Sus vidas estaban tan entrelazadas con sus hijos que la esposa apenas podía imaginarse disfrutar algo sin ellos.

Cultiva un diálogo saludable con tu cónyuge sobre otros temas que no sean sus hijos. Dedica tiempo para tener una charla adulta. Inicia conversaciones sobre intereses comunes. Recuerda que elegiste a tu pareja antes de conocer a tus hijos. Aunque los hijos requieren mucho amor, tiempo y energía, nunca debes permitirles que usurpen el papel de tu cónyuge si es que quieres tener un matrimonio saludable.

> Es asombroso, incluso alarmante, cuántas personas parecen no funcionar sin la televisión.

La televisión

Toco una fibra sensible cada vez que describo este tercer obstáculo para la comunicación. Es asombroso, incluso alarmante, cuántas personas parecen no funcionar sin la televisión.

El Departamento de Trabajo de los Estados Unidos realizó una investigación en la que reveló que, incluso con el ataque de la nueva tecnología, mirar televisión sigue siendo la principal actividad de ocio de los estadounidenses. Es más, mirar televisión representaba la mitad de todas las actividades de ocio en estadounidenses mayores de quince años[1]. Además, un estudio de Nielsen profundizó en el tema de la televisión en vivo versus la programación grabada a través de un grabador de vídeo digital. Según su investigación, los estadounidenses pasan treinta y cuatro horas a la semana viendo televisión en vivo y luego agregan seis horas adicionales para programas grabados[2].

En caso de que pienses que la pantalla de televisión no es un problema en tu hogar, ten en cuenta que más de treinta y seis millones de estadounidenses informan que han visto un vídeo o un programa de televisión en su teléfono celular. La asombrosa cantidad de 143,9 millones de estadounidenses que vieron vídeos en línea en solo un mes, pasaron un promedio de cuatro horas y treinta y nueve minutos viendo vídeos en computadoras de escritorio o portátiles[3].

Ahora que te he abrumado con estadísticas, veamos la realidad de lo que significan todos estos números para el matrimonio. En primer lugar, yo también veo televisión. Puedo pensar en muchos aspectos positivos sobre la televisión. Proporciona una ventana al mundo y sirve como un medio educativo. Y no hay nada de malo con un poco de entretenimiento de vez en cuando. Sin embargo, cuando la televisión se convierte en un escape que adormece la mente o interfiere con nuestras relaciones, cruza la línea y se convierte en una adicción destructiva.

Intenta un experimento: Apaguen sus pantallas durante una semana. Si estás acostumbrado a volver a casa, levantar los pies y agarrar el control remoto para navegar por algún canal sin sentido, predigo que te será difícil apagar el televisor. Aun así, hazlo de todos modos. Y luego, pasea con tu esposo o esposa, y hablen de cualquier cosa y de todo.

En un esfuerzo por promover la salud conyugal, te aconsejo que «controles tu tiempo de pantalla». En cambio, la cantidad de tiempo que se mira la pantalla no es lo único que se debe revisar. Es vital que analices el contenido de lo que miras: televisión, teléfono, consola de juegos, tableta o computadora.

Una joven pareja vino a verme con un problema interesante. Ambos eran personas piadosas y buscaban de veras al Señor en su matrimonio y familia. El esposo, a quien llamaré Josué, dirigía un pequeño grupo de estudio bíblico e insistía con generosidad en ayudar a mantener a su suegra viuda. ¿Parece bien hasta ahora? El problema era su tiempo frente a la pantalla. Cuando llegaba a casa todas las noches, se retiraba a su sala de medios donde se dedicaba a un videojuego violento durante horas. Este era uno de esos juegos en los que asumes un personaje. Su esposa dijo que ella y su hijo de cinco años podían oírlo gritar y maldecir en su personaje desde el piso de abajo. Ella insistió en que vinieran a hablar conmigo cuando su pequeño niño se negaba a pasar por la sala de medios debido al «papá aterrador».

El esposo me dejó estupefacto mientras estaba sentado en mi oficina, insistiendo que su esposa estaba siendo absurda. Le pregunté si usaba lenguaje grosero con regularidad. Ambos respondieron con vehemencia que no. Siguió enfatizando: «Estoy en el personaje. Solo es un juego tonto».

Siempre vuelvo al «manual de estrategias» cuando aconsejo. Le recordé a Mateo 12:36-37:

> Yo os digo que de toda palabra vana que hablen los hombres, darán cuenta de ella en el día del juicio. Porque por tus palabras serás justificado, y por tus palabras serás condenado.

Creo que le entró en la cabeza. Josué no había podido controlar lo que permitía en su pantalla y, por lo tanto, en su mente. Estaba causando un conflicto en su matrimonio. Desperdiciaba horas encerrado en una habitación oscura, dejando fuera a su esposa e hijo. Había profanado la habitación reservada para la recreación familiar con su charla grosera y su voz enojada. Monitorea tu pantalla.

Antes de seguir adelante, quiero abordar una epidemia que vemos en nuestras iglesias, nuestros centros de consejería y en nuestra cultura en general: la pornografía. Este tema podría llenar un libro entero, y lo hace. Basta con mirar cualquier librería o en línea, el tema está en todas partes. Quiero opinar diciendo que es indebido en lo moral e imprudente de manera peligrosa, y que entre un esposo y una esposa crea divisiones, una pared de cristal invisible, tan rápido como una aventura.

La tecnología moderna ha hecho que ver pornografía sea simple, barato y disponible con facilidad. El problema solía ser que solo estaba disponible en las revistas. Si alguien tenía las agallas para ir a una tienda y comprar una, podría guardarla con discreción en una bolsa de papel marrón. Había una sensación de vergüenza y astucia asociada con eso. Ya no.

Las estadísticas son asombrosas. A los dieciocho años de edad, el 93 % de los chicos y el 62 % de las chicas han estado expuestos a la pornografía en internet. Según la Academia Estadounidense de Abogados Matrimoniales, el 56 % de los casos de divorcio involucran a una parte que tiene «un interés obsesivo en los sitios web pornográficos»[4]. Conforme a numerosos estudios, la exposición prolongada a la pornografía conduce a:

- una disminución de la confianza entre parejas íntimas
- la creencia de que la promiscuidad es el estado natural
- el cinismo sobre el amor o la necesidad de afecto entre parejas sexuales
- la creencia de que el matrimonio es sexualmente limitante
- la falta de atracción por la familia y la crianza de los hijos[5]

Como se evidencia, creo que es obvio que la evaluación del contenido de tu tiempo de pantalla es primordial para una comunicación saludable e incorruptible.

El temor a los conflictos

Si un esposo y una esposa nunca tienen conflictos, es probable que no se estén comunicando. El conflicto es parte de cualquier matrimonio normal. Siempre y cuando ambos cónyuges sigan estando dispuestos y sean capaces de comunicarse, pueden superar el conflicto, e incluso crecer y aprender de él. Sin embargo, algunas personas permiten que su temor a los conflictos les impida comunicarse de manera eficaz con alguien, incluyendo a su cónyuge.

Supongamos que un hombre creciera en un hogar donde sus padres resolvían los conflictos o desacuerdos según el volumen: Ganaba el que gritaba más fuerte o rompía la mayoría de los platos. Tal hombre podría sentir miedo de comunicarse de veras, ya que asocia los desacuerdos con estallidos fuertes o violentos. O tal vez una mujer creciera en un hogar en el que a su madre la menospreciaban siempre debido a las humillaciones verbales o al sarcasmo. En su propio matrimonio, tal mujer podría dudar en expresar sus pensamientos o sentimientos por temor a que la lastimaran o humillaran.

Los horarios, los hijos, la televisión y el temor a los conflictos son solo cuatro de los obstáculos más comunes que enfrentan las parejas que desean una comunicación eficaz en sus matrimonios. Sin embargo, para crear hogares sólidos y felices, los esposos y esposas deben encontrar maneras de superar estos obstáculos. Los matrimonios exitosos eliminan los obstáculos y se esfuerzan por incorporar una capa tras otra de comunicación eficaz.

NIVELES DE COMUNICACIÓN

El proyecto acerca de los primeros años del matrimonio, un estudio longitudinal de 373 parejas y financiado por los Institutos Nacionales de la Salud, reveló que casi todas las parejas creen en realidad que se comunican cuando discuten horarios, tareas y listas de tareas. Sin embargo, el estudio mostró que los matrimonios más felices y exitosos son esos en los que se exploran las esperanzas, los sueños y los temores. El estudio demostró que las parejas que dedican tiempo para conocerse de veras tienen la tasa de éxito más alta[6].

El Dr. David Mace, pionero en el campo del enriquecimiento matrimonial y cofundador, junto con su esposa, Vera, de la *Association for Couples in Marriage Enrichment* [Asociación de Parejas en Enriquecimiento Matrimonial], está de acuerdo. Su organización, A.C.M.E., cree que «las parejas deben tener un sistema por mutuo acuerdo para hablar y escucharse entre sí. Puesto que toda comunicación se aprende, lo que no es útil puede desaprenderse y las nuevas habilidades pueden sustituir a esas que obstaculizan la relación»[7].

A lo largo de su trabajo, Mace enfatizó la comunicación profunda entre el esposo y su esposa. Él y otros consejeros matrimoniales han notado que hay varios niveles en los que los cónyuges intentan hablar entre sí[8]. Lo lamentable es que la mayoría de las personas se comunican en el primer nivel, el más superficial de todos: el del simple intercambio de clichés. Examinemos cada nivel de comunicación.

Primer nivel: Clichés

«¿Cómo va todo?».

«¿Cómo estás hoy?».

He descubierto que cuando alguien me saluda con uno de estos clichés, no pide de veras un informe sobre cómo van las cosas. En cierta ocasión, detuve a la persona y le respondí la pregunta en detalle. Deberías haber visto la sorpresa en su rostro cuando se alejó, dando excusas de que llegaría tarde a una reunión. Ahora bien, ¡no te recomiendo que hagas esto! Podría conducir a una situación embarazosa. Sin embargo, a título de ilustración, solo tenía que ver que si lo que pensaba que iba a pasar, sucedería en realidad. Y así fue.

Cuando alguien pregunta: «¿Cómo estás?», no quiere saber en especial tu condición física, emocional o espiritual. Solo trata de ser cortés al saludarte de una manera socialmente aceptable.

Los clichés y las conversaciones informales sirven para reconocer la presencia de alguien; tienen poco o ningún significado esencial. Los utilizamos en el contacto casual con socios de negocios y con nuevos conocidos. Significan poco más que un simple apretón de manos.

Incluso, los matrimonios más dañados apenas tienen este nivel de comunicación tan elemental, al igual que nuestras amistades más casuales.

Segundo nivel: Solo los hechos

Un nivel más arriba de los clichés viene la entrega de información objetiva. En este nivel, comunicamos hechos aparte de cualquier tipo de interpretación, opinión o respuesta emocional.

«Hoy está lloviendo».

«La reunión se programó para la una de la tarde».

«Es hora de cambiar el aceite del automóvil».

Toda relación saludable requiere el intercambio de hechos. La comunicación de los hechos ayuda a una pareja casada a planificarlo todo, desde lo que vestirán o harán en un día en particular hasta cómo se cuidarán el uno al otro y a sus hijos.

Hace poco, me encontré con una pareja que luchaba con la conectividad emocional. La esposa se echó a llorar cuando me contó cómo su esposo le enviaba

> La esposa se echó a llorar cuando me contó cómo su esposo le enviaba mensajes a través de su calendario de Outlook desde el trabajo.

mensajes a través de su calendario de *Outlook* desde el trabajo. Si necesitaba que le recogieran la ropa, le enviaba un recordatorio de *Outlook* sobre la hora en que le gustaría que lo hiciera. En lugar de preguntarle si estaba disponible para cenar con los clientes, le enviaba una notificación por *Outlook* requiriendo su presencia en cierto restaurante a una hora determinada.

No había emoción en su entrega. Se ceñía a los hechos y se consideraba un administrador eficiente del tiempo. Si bien eso puede ser cierto con sus subordinados en el trabajo, era un terrible administrador del tiempo dentro de su matrimonio. El tiempo que le tomaba escribir un correo electrónico lo podía pasar llamando a su esposa para preguntarle de manera cortés si le importaría ir a cenar con sus clientes. Incluso, un mensaje de texto con una solicitud para recoger la ropa sería con un enfoque más sensible. Algo así como: «Amor, mis camisas están listas. ¿Puedes recogerlas? ¡Eres la mejor!», no le llevaría más tiempo del que le dedicaba a su enfoque frío del calendario de *Outlook*.

Si bien los esposos y las esposas de seguro necesitan aprender a comunicarse con precisión los hechos, difícilmente pueden mantener y desarrollar un matrimonio saludable solo con esto. Una relación personal sana de cualquier tipo requiere que ambas partes se comuniquen a un nivel más profundo aún.

Tercer nivel: Opiniones y convicciones

Cuando comunicamos una opinión, le damos al oyente un vistazo de lo que nos motiva. En otras palabras, la persona no solo descubre lo que pensamos, sino también por qué. Nuestras declaraciones de opinión o convicción reflejan nuestras creencias, lealtades y nuestros compromisos personales. Al comunicar una opinión o convicción, afirmamos un hecho y lo que creemos sobre este. La mayoría de las veces comunicamos opiniones o convicciones comenzando con declaraciones como:

«Creo que...».

«Pienso que...».

«Me parece que...».

Si estuvieras hablando con tu cónyuge sobre un cambio radical en la oficina, los hechos podrían parecer así: «Trasladaron a Bruno a contabilidad y luego promovieron a Astrid para que ocupara el antiguo puesto de él». Aun así, también puedes comunicar tu opinión diciendo: «Pienso que ese cambio va a hacer que la oficina funcione mejor, una vez que nos acostumbremos a trabajar con Astrid», o «No deberían haber tratado a Bruno de esa manera».

A este nivel de comunicación es que a menudo surgen conflictos. Cuando las parejas casadas comparten opiniones y convicciones, pueden aparecer desacuerdos que tal vez se conviertan en discusiones. Sin embargo, esto no necesariamente es algo malo ni malsano, siempre y cuando ambas partes se respeten y estén dispuestas a resolver sus desacuerdos en el amor.

Cuarto nivel: Sentimientos

«¿Qué estás sintiendo?».

¡Esta pregunta hace que la mayoría de los hombres se pongan a sudar! Parece que los hombres a menudo luchamos a este nivel. Somos excelentes para comunicar hechos. No somos tan malos para expresar nuestras opiniones. En cambio, a casi todos nos cuesta trabajo expresar nuestros sentimientos.

Conocemos los hechos, creemos nuestras opiniones, pero experimentamos nuestros sentimientos, y algunos de nosotros hemos perdido el contacto con esa experiencia. Imagínate si le estuvieras contando a tu cónyuge sobre los cambios en la oficina. Sus sentimientos hacia el reemplazo de Bruno podrían ser alivio, alegría, enojo o decepción. Incluso, puede que se sienta traicionado. Todo depende de sus opiniones y sentimientos hacia Bruno o hacia la situación laboral previa a los cambios. ¿Serías capaz de describirle tus sentimientos a tu cónyuge?

En el nivel de los sentimientos, entramos en una especie de zona de peligro en nuestras relaciones. He aquí por qué: La comunicación de los sentimientos requiere volvernos vulnerables. Dejamos que nuestros cónyuges sepan que nos sentimos felices, ansiosos, molestos o enojados, ¡y a veces con ellos! Descubrir lo que de veras sucede en el corazón de un esposo o esposa asusta a muchas personas casadas.

Sin embargo, para crecer en nuestros matrimonios, tenemos que crecer en nuestra comunicación. Y para crecer en nuestra comunicación, debemos aprender a comunicar nuestros sentimientos... con libertad, pero con sabiduría.

Quinto nivel: Comunicación de necesidades

Alcanzamos el nivel de comunicación más profundo cuando comunicamos nuestras necesidades. En este ámbito es donde estamos expuestos de veras en lo emocional. Cuando confesamos una necesidad, ya no estamos en el nivel superficial de la comunicación. Hemos superado el expresar nuestros sentimientos. Estamos mirando a alguien y le pedimos que nos comprenda en nuestro centro emocional. Cualquier consejero matrimonial, cristiano o secular, insistirá en el lugar crucial que ocupa en la psique humana la comunicación de las necesidades. Las parejas casadas especialmente tienen que aprender a comunicarse a este nivel.

Comunicamos nuestras necesidades casi de manera instintiva, comenzando como bebés. Los bebés lloran cuando sienten hambre, necesitan que se les cambie o solo quieren que los carguen. Mientras maduramos, aprendemos a expresar nuestras necesidades de manera más fluida: «¡Mamá, tengo hambre!». A medida que crecemos hacia la adultez, nuestras necesidades se vuelven más complejas, al igual que nuestras formas de comunicar esas necesidades.

El nominado al Premio Nobel de la Paz, Carl Rogers, fue un destacado psicólogo del siglo XX. Se le conoce por su técnica terapéutica llamada *consideración positiva incondicional*. En esencia, creía que las personas entran en una oficina de consejería con todo tipo de daños emocionales y espirituales. Lo único que todas y cada una de las personas necesitan

> Lo único que necesita cada persona es que alguien les dé empatía total.

es que alguien les dé empatía total, o *consideración positiva incondicional*.

Creo que este es un recurso maravilloso para el matrimonio. Tu cónyuge es la única persona que debería ofrecerte una apertura incondicional, y una empatía positiva y auténtica. *Empatía* es una palabra que a menudo se confunde con *simpatía*. Sin embargo, el término es diferente a sentir compasión por alguien (simpatía). La empatía es la capacidad de unirse a otra persona en una situación determinada como si fuera la suya. El *Diccionario de la lengua española* define la *empatía* como: «Sentimiento de identificación con algo o alguien. Capacidad de identificarse con alguien y compartir sus sentimientos».

Jo Beth demuestra esto en nuestro matrimonio y en nuestra familia. Cuando le expreso una necesidad, me escucha con paciencia. Sé que es una persona segura a la que acudir para mis necesidades. Viene a mi lado y asume mis problemas como propios. Cuando me hieren, ella se duele. Cuando tengo éxito, ella se pone muy contenta. Cuando necesito desahogarme, ¡de seguro que es el oído que busco! Con los años, nos hemos convertido en el mejor consejero del otro. Después del Señor, lo que más busco es su amable respuesta y atención.

Por cierto, a Carl Rogers no lo nominaron para el Premio Nobel de la Paz en Psicología. En su lugar, su nominación se debió a sus esfuerzos para llevar la paz a los pueblos de Sudáfrica e Irlanda del Norte. Su teoría, cuando se aplica al matrimonio, también es una teoría de paz.

En el matrimonio, tanto el esposo como la esposa deben aprender a comunicar sus necesidades. Aquí es donde debe ocurrir el importantísimo toma y daca. Tanto el esposo como la esposa deben aprender a confiar en su pareja lo suficiente como para comunicar su necesidad de afecto, de un tiempo de tranquilidad, de un tiempo de soledad, de conversación, de aliento y de todas las demás necesidades que Dios quiere proveer a través del matrimonio. Dentro del marco de este nivel de comunicación es que una pareja se vincula, se une y se convierte en uno.

EL MATRIMONIO SIGNIFICA COMUNICARSE CON UN EXTRANJERO

El superventas de John Gray, *Los hombres son de Marte, las mujeres son de Venus*, conmocionó al mundo con la observación no aguda en especial de que los hombres y las mujeres piensan y reaccionan de manera distinta a las mismas situaciones.

Imagina eso. Los hombres no piensan igual que las mujeres. A algunos segmentos de nuestra población les molesta que Dios conectara a los hombres y las mujeres de manera diferente, pero no hay que estar casado por mucho tiempo para darse cuenta de que existen enormes diferencias en la forma en que los hombres y las mujeres piensan y se comunican. Si bien no diría que los hombres y las mujeres son de distintos planetas, reconoceré que los sexos parecen proceder al menos de naciones extranjeras.

Así como pueden surgir problemas cuando personas de diferentes países tratan de comunicarse, también pueden surgir problemas cuando los hombres y las mujeres intentan comunicarse, si no hacen el esfuerzo necesario para comprenderse en realidad.

La palabra extranjero sugiere a alguien que habla de manera diferente y tiene un trasfondo cultural distinto al mío. Un hombre de Malasia es diferente a mí; sin embargo, eso no hace que él se equivoque más de lo que hace acierte yo. Solo somos diferentes.

Eso es lo que nos sucede a mi esposa y a mí. Si mirara a Jo Beth desde una perspectiva completamente «Ed», concluiría que está equivocada del todo. No solo se ve distinta por completo a mí, sino que también piensa, razona y se comunica de una manera extraña por entero. Sin embargo, después de más de cinco décadas de matrimonio, ahora puedo celebrar mis diferencias con Jo Beth. Le agradezco a Dios que nos equilibremos el uno al otro. Ella es fuerte donde yo soy débil, y yo soy fuerte donde ella es débil. No siempre ha sido fácil para nosotros aprender a comunicarnos de manera eficaz con el extranjero con quien nos casamos, pero ha valido la pena el esfuerzo.

Entonces, ¿cómo te comunicas con un extranjero? Aquí tienes dos pasos sencillos para ayudarte a comunicarte mejor con el extranjero con el que estás casado.

Habla claro

Di lo que quieres decir. El primer paso puede parecer obvio, pero muchas parejas casadas luchan con esto. Solo una persona puede controlar la forma en que te comunicas, y esa persona eres tú. Muchas parejas luchan por comunicarse de manera eficaz porque evitan hablar claro. No dicen lo que quieren decir, lo que necesitan y lo que quieren.

Muchas personas encuentran incómoda, hasta aterradora, esa forma de hablar claro. Temen comunicar con exactitud lo que necesitan y quieren, por lo que dejan caer pistas (que a menudo no se reconocen). Otras van demasiado lejos con la conversación clara, emitiendo sus demandas con poco tacto o sensibilidad. Otras intentan las formas de comunicación más disfuncionales, como los arrebatos de ira o el temido tratamiento del silencio. Sin embargo, nada supera a la comunicación abierta, sincera y buena.

Hace años, Jo Beth y yo nos encontrábamos en un viaje por carretera. Ella vio una salida y dijo: «¿Te gustaría detenerte y tomar algo?». Pasé completamente por alto lo que ella me intentaba comunicar y por eso le respondí: «No, estoy bien. Sigamos adelante».

Media hora más tarde, al acercarnos a otra salida, Jo Beth dijo de manera explícita lo que insinuó antes.

—Me gustaría parar y tomar algo —anunció.

—¿Por qué no me lo dijiste antes? —le dije.

—Te pregunté si querías algo de beber, así que pensé que me lo pedirías.

Para Jo Beth: «¿Te gustaría parar y tomar algo?», quería decir: «Me gustaría parar y conseguir algo de beber». Sin embargo, no fue así que lo escuché. En mi mente, mi esposa me hizo una pregunta directa y yo le respondí con una respuesta directa: «No, estoy bien».

En cierto modo, la pregunta de mi esposa reflejaba un enfoque desinteresado. No tenía intención de manipular mi respuesta. Quería algo de beber, así que lanzó su pregunta, esperando que le respondiera: «Vaya, sí, cariño, tengo sed. Creo que me gustaría parar para tomar una Coca-Cola».

Desde entonces, sin embargo, Jo Beth ha aprendido que va a llegar mucho más lejos conmigo siendo directa y clara, mientras que yo he aprendido a escuchar con más atención cuando lanza sus sugerencias.

¿Quieres o necesitas algo de tu pareja? Entonces, depende de ti decirle lo que quieres. Dejar caer pistas podría estar bien para las compras navideñas, pero la comunicación regular y cotidiana exige un enfoque más directo.

A menudo suponemos que porque vivimos con alguien, nos comunicamos con esa persona. Sin embargo, investigaciones recientes revelan que a veces las parejas no se comunican mejor entre sí que con extraños. El fenómeno se llama *sesgo de confirmación cercana*. El término se refiere al hecho de que tenemos una presunta inclinación a que los amigos y familiares nos entiendan a través de la comunicación. Sin embargo, a menudo tenemos habilidades de comunicación tan débiles que las personas más cercanas a nosotros no saben en absoluto lo que intentamos comunicar. Kenneth Savitsky, profesor de Psicología en el *Williams College* de Williamstown, Massachusetts, realizó un experimento para estudiar el tema. Su experimento se parecía a un juego de salón y su muestra consistió en veinticuatro parejas[9].

Primero, a los cónyuges los colocaron en pareja entre ellos y, luego, con extraños. Se sentaron en sillas espalda con espalda e intentaron descifrar el significado de las frases ambiguas de su compañero. Las frases se tomaron de conversaciones de rutina a fin de ver si los cónyuges eran mejores en la comprensión de frases del otro que de personas desconocidas. Por ejemplo, una esposa dijo la frase: «Hace calor aquí». Su intención era insinuarle a su esposo que encendiera el aire acondicionado. Por error, su esposo supuso que era una declaración tímida y que le hacía una insinuación amorosa. Y así siguió. El experimento del profesor Savitsky obtuvo resultados interesantes: Las tasas de precisión para extraños y cónyuges fueron estadísticamente idénticas. Las parejas casadas estaban sorprendidas. Todos expresaron con confianza que sabían que su pareja les entendía cuando se comunicaban. El experimento demostró lo contrario[10].

> Di lo que quieres decir y quiere decir lo que dices, pero hazlo con tacto y sensibilidad.

Di lo que quieres decir y quiere decir lo que dices, pero hazlo con tacto y sensibilidad. Por lo general, siento recelo de quienes dicen: «Siempre digo lo que quiero decir. Nunca tienes que adivinar conmigo». A menudo, la gente así va más allá de la franqueza, y se dirige hacia la crueldad o hasta el abuso. He conocido parejas casadas cuya comunicación demasiado directa ha devastado sus matrimonios.

Sin embargo, hablar con franqueza representa solo la mitad de la conversación clara. Escuchar de forma activa constituye la otra mitad. La única manera de obtener una imagen completa es concentrándonos en las palabras y buscando otras pistas, como los matices verbales, expresiones faciales y el lenguaje corporal.

Escuchar es algo difícil. Significa escuchar con los oídos, mirar con los ojos y comprender cómo actúa y reacciona tu cónyuge, y no puedes lograr una comunicación clara sin esto.

Adquiere fluidez

El segundo paso es entender el «lenguaje nativo» de tu pareja. ¿Cuál es la mejor manera en la que tu cónyuge da y recibe mensajes? ¿Conoces el lenguaje del amor de tu pareja? Cuando cortejé y por fin me casé con mi esposa, no conocíamos el término *lenguaje del amor*. Me hubiera encantado poderlo conocer, pero a medida que pasaba tiempo con ella y la estudiaba, empecé a ver qué expresiones externas de amor daban mejor resultado con Jo Beth, y ella empezó a entender cómo yo recibía el amor. En su muy leído libro *Los 5 lenguajes del amor*, el Dr. Gary Chapman ha descifrado el lenguaje del amor y lo ha dividido en cinco categorías. Son las siguientes:

- Palabras de afirmación
- Tiempo de calidad
- Regalos
- Actos de servicio
- Toque físico[11]

Proponte averiguar qué lenguaje habla tu pareja. Muchas veces veo que las parejas luchan en su matrimonio porque no saben cómo interpretar el lenguaje del amor de su pareja. Este lenguaje es fácil de aprender una vez que lo investigas con tu cónyuge. Como ejercicio, pregúntale a tu pareja cuál de los cinco lenguajes del amor le habla con más claridad. Después, *practica, practica, practica* el lenguaje del amor nativo de tu cónyuge. Si ya lo sabes, ¡no olvides que la práctica te ayuda a adquirir fluidez! (Puedes encontrar un perfil en línea gratuito en 5lovelanguages.com).

Vi representado esto en una pareja de nuestra iglesia.

—¿Qué te hace sentir amado? —le preguntó una mujer a su esposo.

Al cabo de unos momentos dijo:

—Semillas de girasol —le respondió al cabo de unos segundos.

—¿Semillas de girasol? —repitió la esposa.

—Sí. Me gustan las semillas de girasol.

—Buenooooooo —respondió ella, confundida.

El esposo se rio y le explicó la razón:

—Cuando era niño y mis padres pasaban por un amargo divorcio, salía mucho con mi abuelo. Un día, fui a hacer mandados con él para alejarme de la casa de mis padres. Mientras pagaba en una caja registradora de la ferretería, mi abuelo me entregó una bolsa de semillas de girasol. Sorprendido, pregunté: "¿Por qué haces esto?". Me respondió: "Porque eres muy buen nieto". Nunca lo olvidé.

La mujer sonrió. Y después de eso, convirtió en una prioridad dejar paquetes de semillas de girasol en lugares inesperados.

Aprendió a hablar el lenguaje del amor de las semillas de girasol.

¿Cuál es la semilla de girasol de tu pareja?

INICIA LA COMUNICACIÓN EN TU MATRIMONIO

Otra forma de profundizar la comunicación matrimonial es asegurarte de que tu cónyuge sepa cuán profundamente le amas y aprecias. Dios nos creó a todos para responder a palabras y acciones de amor y adoración.

Solo piensa cuántas veces en la Biblia Dios habla de su amor por ti y por mí. Para Él, somos valiosos y se deleita en nosotros. Dios nos colma de afecto y repetidamente nos proclama su devoción personal hacia nosotros como sus hijos. Por lo tanto, los pensamientos de Dios me conducen hacia Él y me hacen querer comunicarme con Él como mi Padre celestial.

De la misma manera, los esposos y las esposas deben tener como prioridad hablar palabras de afirmación y amor entre sí. Tales palabras sinceras pueden proporcionar la base para un nuevo nivel de comunicación.

Un hombre que la Biblia identifica como el rey Lemuel escribió una vez sobre una esposa fiel: «Sus hijos se levantan y la llaman bienaventurada, también su marido, y la alaba diciendo: Muchas mujeres han obrado con nobleza, pero tú las superas a todas» (Proverbios 31:28-29).

Lemuel quería que su esposa supiera que, a pesar de que pudo haber escogido a su pareja de entre un gran grupo de mujeres finas y nobles, la eligió a ella, y obtuvo lo mejor de lo mejor.

¿Cómo responderías si tu cónyuge te dijera esas palabras tan afirmativas? Si supieras que tu cónyuge te ama lo suficiente como para presumir de ti ante los demás, ¿no te sentirías más que dispuesto a comunicarte de manera abierta y sincera en tu matrimonio? Nada crea un terreno más fértil para una gran comunicación que prodigarle a tu pareja elogios y afirmaciones.

Entonces, ¿cómo hacemos esto? ¿Cómo afirmamos y edificamos a nuestras parejas y les damos el tipo de aprobación que cada uno de nosotros tanto anhela?

MUCHAS MANERAS DE ELOGIAR

Casi todos sabemos cómo elogiar con nuestras palabras (aunque no lo hagamos tan a menudo como deberíamos). Sin embargo, no olvides las innumerables formas no verbales de afirmar a tu cónyuge.

Los elogios no verbales pueden incluir tu lenguaje corporal, la manera en que miras a tu pareja, tus gestos. Una sonrisa o una mirada amorosa pueden hacer maravillas para tranquilizar a tu cónyuge de tu amor genuino. Así que imagina qué otras líneas de comunicación podrían abrirse.

Sé creativo en tus elogios; en realidad, no es tan difícil. Deja notas de amor en la casa para que las encuentre tu esposo o esposa. Jo Beth es genial en esto. Siempre encuentro notas en el espejo del baño, en un cajón de calcetines o en mi bolsa de golf. Nada elaborado, solo unas pocas palabras que expresan su amor y aprecio por mí, y me encanta encontrarlas. Tienden a salir de la nada cuando más necesito el aliento. Es su forma de elogiarme y comunicarme su amor.

También te recomiendo que transmitas de manera estratégica buenos informes sobre tu esposo o esposa, sobre todo en su presencia. Cuando eso suceda, tu pareja sabrá el importante lugar que tiene en tu corazón.

Una nota importante para comunicar elogios: Siempre asegúrate de que sea genuino. Cerciórate de actuar para fortalecer a tu cónyuge y abrir nuevas líneas de comunicación. No permitas que los motivos egoístas se abran paso en tus elogios. Además, evita los halagos; no pronuncies palabras de elogio poco sinceras a fin de obtener algún beneficio personal.

¿Qué puede suceder cuando comenzamos a elogiar la vida de nuestra pareja? Hace años, leí sobre el poder del elogio en una columna del periódico escrita por un consejero matrimonial, al que llamaré Dr. Crane.

El Dr. Crane relató que una mujer enojada entró a verlo un día.

—Mi esposo me ha hecho tanto daño que no solo quiero divorciarme, sino que quiero venganza —dijo y se enfureció—. Quiero hacerle daño. Quiero destruirlo.

Es probable que el consejo del Dr. Crane sorprendiera a la mujer:

—Vete a casa y actúa como si lo amaras de veras. Elógialo, hónralo, edifícalo. Cocínale sus comidas favoritas. Emplea toda la química creativa que logres encontrar en tu arsenal para hacer el amor. Dile que no puedes resistirte a él, que todo sobre él es colosal y fabuloso. Actúa como si no pudieras contenerte por estar locamente enamorada. Dile que es tu héroe y tu campeón, que lo es todo para ti.

Crane le dijo a la esposa que se entregara a su esposo sin reservas. Una vez que hiciera eso, que lo cautivara de veras con su atención y lo convenciera de que estaba loca por él, le aconsejó que diera el siguiente paso.

—Ataca por los dos frentes. Dile: "¡Sorpresa! Tengo el abogado más malo de la ciudad y te vamos a desollar vivo. No tendrás un centavo a tu nombre cuando termine contigo".

El Dr. Crane concluyó:

—Haz esto, y se pasará el resto de la vida en la más absoluta desdicha, pues nunca encontrará a nadie que se compare contigo.

—¡Ya está! —gritó la mujer—. ¡Eso es lo que voy a hacer!

Así que se fue a casa y actuó como si de veras amara a su esposo. El Dr. Crane no tuvo noticias de la mujer durante unos tres meses. Al final, la llamó y le preguntó: «¿Estás lista para el divorcio?».

«¿Divorcio?», respondió ella. «¡Estoy casada con el hombre más maravilloso de la tierra! ¿Por qué querría divorciarme?».

Eso es lo que puede suceder cuando comenzamos a elogiar a nuestras parejas tanto en palabras como en acciones. Se pueden reparar las líneas de comunicación que se cortaron y funcionar una vez más. Y hasta el matrimonio más difícil puede convertirse en la institución amorosa y solidaria que Dios quiso que fuera.

MIRA A TU CÓNYUGE DE UNA NUEVA MANERA

La edificación es un poderoso recurso en el matrimonio. La edificación fortalece, incrementa la confianza y actúa como un repelente para la baja autoestima. A veces, en el matrimonio, necesitamos usar nuestra comunicación para reprogramar la forma en que nuestro cónyuge se ve a sí mismo.

Vi a una encantadora pareja cristiana en un programa de entrevistas. Mientras paseaba en bicicleta por un parque nacional, a la joven la atacó brutalmente un león de montaña. La joven se acordó del momento en que pensó: «Me arrancó la cara». Y así fue.

El esposo recordó que corrió al hospital y vio a su novia en la camilla, destrozada y desgarrada, luchando por su vida. Respondió las preguntas del entrevistador sin vacilar:

—¿Qué pensaste la primera vez que la viste?

—Le agradecí a Dios que estuviera viva.

—Estamos viendo sus fotos de la luna de miel en la pantalla dividida y podemos comprobar lo hermosa que era.

—Todavía lo es.

—Bueno, sí, y muy afortunada —continuó el presentador.

—¿Cómo te sentiste la primera vez que te miraste al espejo? —le preguntó el entrevistador a la mujer.

—A decir verdad, me quedé horrorizada. Durante semanas estuve vendada por completo. Luego, cuando me quitaron las vendas, no podía mirarme. Mi esposo me decía a diario que yo era su bella esposa. Él oraba y me leía las Escrituras. A medida que pasaban los días y las semanas, comencé a creerle. Al final, tuve el valor de mirarme. Fue impactante. Sentí vergüenza. Mi esposo, sin embargo, no quería oír que se hablaba de esto. No dejaba de decirme que se casó conmigo, no con mi cara.

—Somos cristianos —se unió el esposo—, y creemos que lo que importa es el interior. Por medio de Cristo somos hechos nuevos, limpios y hermosos. Ella no es la mujer con la que me casé... Ella es más fuerte y mejor.

—Increíble —tartamudeó el presentador de noticias—. Qué historia. Gracias a los dos[12].

La reprogramación puede ayudar a tu cónyuge a sanar de muchos tipos de cicatrices.

REFLEXIONES SOBRE TU RELACIÓN

1. En una escala del 1 al 10 (donde el 1 es inexistente y el 10 es excelente), califica la comunicación en tu matrimonio.
2. ¿Cómo se comunican tú y tu cónyuge sus sentimientos y necesidades mutuas?
3. Describe algunos obstáculos para la comunicación en tu matrimonio.
4. ¿Cuál es el lenguaje del amor de tu cónyuge? ¿Qué tan fluido diría tu pareja que eres en su lenguaje?

UN COMENTARIO PERSONAL

Harás del conflicto tu aliado

El conflicto puede destruir un matrimonio. Aun así, también puede traer brisas frescas y nueva vida a la relación. El matrimonio puede fortalecerse a través de los desacuerdos y la adversidad.

A veces, el matrimonio es como un duelo. Cuando aprendemos a lidiar con éxito el conflicto, ¿adivina qué? Se convierte en un dúo y la armonía que se produce a partir de él es casi divina. Por lo tanto, decide si tu matrimonio va a ser un duelo o un dúo.

Cuarto
MANDAMIENTO

HARÁS DEL CONFLICTO TU ALIADO

«**S**eguro que usted y su esposa nunca pelean, ¿verdad?». Desearía tener un centavo por cada persona que me ha hecho esa pregunta, y solo un centavo por todos las demás que lo creen en realidad. Sería un hombre rico.

Jo Beth y yo llevamos casados más de cincuenta años, así que podrías pensar que ya terminamos con todas las batallas y desacuerdos. De seguro que, después de medio siglo, lo tenemos todo resuelto. Bueno, no exactamente. De vez en cuando tengo que recordarle a Jo Beth algunos principios básicos. A decir verdad, eso no es cierto, sucede con regularidad. Y más a menudo, ella tiene que recordármelo.

Estoy agradecido de que Jo Beth y yo tengamos un matrimonio fuerte, pero como he admitido a lo largo de este libro, todavía estamos creciendo en nuestra relación y todavía tenemos asuntos en los cuales trabajar. A veces estamos de acuerdo; otras veces no. Ningún matrimonio es inmune al conflicto. Recuerda, en el matrimonio, dos personas se unieron para convertirse en una, por lo que no cabe duda de que algunas fricciones y tensiones tendrán lugar en la intersección de su unión.

¿PUEDE UN BUEN MATRIMONIO TENER CONFLICTOS?

El cuarto mandamiento para un matrimonio exitoso es uno que cuestionan muchas parejas. Se trata de: Harás del conflicto tu aliado.

La razón por la que las parejas cuestionan este mandamiento es por algunos mitos matrimoniales que perduran. Así que, para comenzar, permíteme desmentir con rapidez esos mitos.

1. Los buenos matrimonios no tienen problemas.

¿Alguna vez te peleas con tu cónyuge? ¿Peleas con tu pareja? Si es así, felicidades; tienes un matrimonio perfectamente normal.

Algunas personas piensan que dos personas enamoradas nunca sufrirán ningún tipo de conflicto significativo. En realidad, eso no es cierto. Cada pareja casada, sin importar cuán bien se lleven ni cuán maduros sean en lo espiritual, tendrán conflictos. Es una parte normal del matrimonio. La pregunta es: ¿cómo le hacemos frente a nuestros malentendidos, batallas, peleas, disputas y mala comunicación? Las respuestas adecuadas a esa pregunta nos llevarán a una gran relación.

2. Los conflictos perjudican a los buenos matrimonios.

Los conflictos no tienen por qué dañar un matrimonio sólido. Es más, los conflictos son una parte importante de todo buen matrimonio. Si se manejan con sabiduría, pueden conducir a una mayor intimidad; si se manejan mal, pueden conducir a un mayor aislamiento. No podemos elegir si tendremos un conflicto, sino solo la manera en que los afrontamos. Entonces, ¿qué elegirás: intimidad o aislamiento?

En muchos sentidos, el matrimonio es como dos puercoespines con frío que se acercan para darse calor. Tendrán conflictos. Por supuesto, si estos dos puercoespines se quedaran solos, podrían evitar todo conflicto (y también seguirían con frío). Para que la unión de puercoespines dé resultado, tiene que haber alguna negociación.

Algunas personas piensan que tienen un buen matrimonio porque nunca tienen ningún conflicto. ¿Cómo crees que lo consiguen? Te lo diré: tienen vidas independientes. Su mentalidad es: *Tú haz lo tuyo y yo haré lo mío. Nos reuniremos de vez en cuando para tratar algunas pequeñas cosas, pero en general, seguiremos agendas separadas e independientes.*

Cualquiera puede evitar conflictos viviendo como un puercoespín solitario. En cambio, si deseas una verdadera intimidad, hay que tomar decisiones juntos y moverse juntos, no en un duelo, sino como un dúo. Después de todo, dos puercoespines que se acercan deben aprender a relacionarse con mucho cuidado, o se causarán un tremendo dolor. Sin embargo, a partir de este tipo de conflicto es que surge la verdadera intimidad, lo que resulta en un matrimonio fuerte.

Todos los matrimonios, los buenos y los malos, tienen problemas. Y las dificultades en cada tipo de matrimonio se parecen mucho entre sí. La diferencia crucial radica en cómo un buen matrimonio maneja los conflictos. La Biblia nos dice «tened por sumo gozo» (Santiago 1:2) cuando llegan las pruebas y las adversidades. ¿Por qué tenerlos por sumo gozo? Porque los conflictos producen paciencia, y la paciencia produce madurez (vv. 2-4).

¿DESTRUCTIVO O CONSTRUCTIVO?

Siempre me sorprende la cantidad de personas que conozco que creen de veras que el matrimonio arreglará sus vidas y hará que todo salga bien. Aquí hay un chico que tiene dificultades con los amigos, enfrentamientos en el trabajo, problemas en la escuela y malas relaciones familiares, pero al casarse, piensa que todo saldrá genial. O una chica que piensa que al decir «Sí, quiero», hará que su vida sea feliz «hasta que la muerte nos separe». ¿De dónde sacamos una idea tan tonta?

La Biblia nos dice que el conflicto se remonta al huerto del Edén. Cuando el pecado entró en este mundo, afectó de forma negativa cada relación en cada familia. Sin embargo, como sugerí, el conflicto en el matrimonio no siempre es pecado. La presencia de problemas, tensiones y discusiones no necesariamente significa que haya problemas en el matrimonio.

Creo que Adán y Eva tuvieron buenos conflictos antes de su pecado. No puedo imaginarme a Adán diciéndole a Eva el nombre que les puso a todos los animales, y a Eva no teniendo una mejor idea de vez en cuando, ¿verdad? Dos personalidades diferentes, ambas creadas por Dios, están obligadas a tener diferencias de opinión... con el consiguiente conflicto.

No obstante, hay conflictos buenos y malos. Hay conflictos constructivos y conflictos destructivos.

Supongamos que un hombre tiene un amigo llamado Jaime que está a punto de cumplir años. Así que le dice a su esposa:

—Cariño, no olvidemos enviarle una tarjeta a Jaime. Su cumpleaños es la semana que viene.

—Jaime es uno de tus mejores amigos. Creo que deberías darle un regalo de cumpleaños y no solo una tarjeta —le responde su esposa.

—De ninguna manera —le contesta él—. Jaime no querría un regalo. Somos adultos. Una tarjeta será más que suficiente.

—Pero Jaime no es ningún viejo amigo, es tu mejor amigo —le responde ella—. Recuerda que también te llevó al juego de pelota la semana pasada.

—Bueno, seguro que Jaime y yo somos grandes amigos —admite él—, pero no sería adecuado darle algo más que no sea una tarjeta de cumpleaños.

—Escucha —insiste ella—. Jaime cumple cuarenta años y es un momento difícil para el buenazo de Jaime. Está pasando por una transición real en este momento. Creo que si hicieras un poco más, sería agradable de verdad. ¿No estuvo a tu lado cuando falleció tu padre? Y todos estos años ha sido tu mano derecha. Así que cómprale un regalo. Creo que le hará bien.

Detengamos la conversación en este punto. Aquí vemos un conflicto que surge de una diferencia de opinión, no del pecado. Consideremos tres maneras en que se podría manejar tal conflicto.

En primer lugar, el esposo podría decir: «Sabes, creo que tienes razón. Jaime es mi mejor amigo, y cumple cuarenta años. ¿Qué deberíamos comprarle?».

En segundo lugar, podría decir: «No creo que necesitemos regalarle algo a Jaime por su cumpleaños. Por el amor de Dios, ¡somos amigos! En cambio, si te hace feliz, ve y cómprale algo, y se lo daré, aunque sabrá que es tuyo».

En tercer lugar, podría decir: «No le voy a dar un regalo de cumpleaños a Jaime; eso es tonto e infantil. ¡Qué ridículo! Además, él es mi amigo, no el tuyo, así que mantente al margen. Ahora me tengo que ir. Siempre sacas a relucir cosas tan locas cuando tengo prisa». Y se marcha corriendo de la casa.

El primer escenario manifiesta una respuesta constructiva al conflicto. El esposo reflexiona sobre la sugerencia de su esposa y piensa: Mi esposa conoce estas cosas mejor que yo. Es una persona muy de cumpleaños; los recuerda todos. Entonces, le dice: «Creo que tienes razón». Su respuesta la anima a seguir ofreciendo consejos, y la mayoría de los hombres necesitamos consejos, aunque no lo admitamos.

El segundo enfoque la detiene. Ella se sale con la suya, Jaime recibe un regalo de cumpleaños, pero el enfoque hace más daño que bien, ya que no recibe ningún estímulo para ofrecerle ayuda a su esposo en el futuro.

La tercera respuesta es puramente destructiva. Él la aparta del campo de batalla y usa algunas palabras concluyentes para herir su espíritu, tales como *ridículo*, *tonto*, *loco* e *infantil*.

EMPIEZA CON LA AMISTAD

John Gottman, investigador sobre el matrimonio en la Universidad de Washington, ha estudiado los conflictos y la comunicación en el matrimonio. Por lo general, se le considera el «gurú» de la terapia de parejas, sobre todo en el ámbito de los conflictos. Durante más de veinticinco años, a Gottman, junto a su esposa, se les han considerado expertos en la resolución de conflictos. Sin embargo,

Gottman ha alterado de cierta manera su posición sobre la resolución de conflictos en su libro *Siete reglas de oro para vivir en pareja*: «La resolución de conflictos no es lo que hace funcionar un matrimonio [...] La base de mi método es fortalecer la amistad que existe en el corazón de todo matrimonio»[1]. Este enfoque positivo elimina el énfasis previo en la buena resolución de conflictos, y le da más peso al reconocimiento de las cualidades positivas de nuestra pareja... incluso durante el conflicto.

En teoría, si entramos en un conflicto con la certeza de que estamos discutiendo con la pareja a la que apreciamos mucho, el conflicto se disipará con más rapidez, o tal vez no suba tanto de tono.

Creo que Gottman quizá tenga razón. Cuando Jo Beth y yo tenemos un conflicto, nunca dudo de *quién* es ella. Incluso, cuando estoy muy enojado, sé que es una mujer encantadora, amable y piadosa de carácter recto. Puede que me altere por algo en lo que no estamos de acuerdo, pero la verdad de quién es ella mantiene mi corazón firme y mi respeto inquebrantable.

Gottman proporciona algunas pautas sobre cómo establecer esta misma creencia central con nuestra pareja. Son los siete principios en los que basa su libro. Los principios son suyos; las sugerencias son mías.

1. Conózcanse el uno al otro.

Jo Beth y yo nos conocemos desde que teníamos tres años. Por lo tanto, quizá pienses que no es justo que ofrezca consejos aquí. Sin embargo, conocer a tu pareja requiere trabajo, sin importar cuánto tiempo haga que se conocen. Asegúrate de saber lo que le desagrada, así como lo que le agrada. Conoce sus esperanzas. Conoce las pequeñas cosas. Me gusta decir: «Sé cómo ella toma su café».

2. Enfócate en lo positivo

He aconsejado a parejas a las que le resulta difícil expresar las cualidades positivas de la otra persona. Se siente como si tuviera que obligarles a que me dijeran algo positivo sobre su cónyuge. Sin embargo, cuando me siento y espero, casi siempre ceden. Lo que me parece interesante es la respuesta de la pareja. Uno de los dos comienza a sentarse un poco más erguido y gira apenas un milímetro más hacia el otro cónyuge. Para algunas parejas ha pasado tanto tiempo desde que expresaron un reconocimiento positivo que se siente como agua en un desierto.

También hago que cada recuerdo sea un evento en común que fue encantador. A menudo, las parejas hablan sobre el nacimiento de sus bebés o un viaje que hicieron al principio del matrimonio. Los obligo a regresar a ese momento mágico cuando el amor y los sentimientos afectuosos eran accesibles con más facilidad. Enfóquense en las cualidades positivas de cada uno, sus sentimientos positivos y los buenos momentos que han disfrutado juntos.

> Comuníquense a lo largo del día. Los mensajes de texto tardan unos segundos, pero tienen una gran recompensa.

3. Interactúa con frecuencia.
Las cosas pequeñas. Las maneras pequeñas. Comuníquense a lo largo del día. Los mensajes de texto tardan unos segundos, pero tienen una gran recompensa. Envía un mensaje de texto con tus experiencias: «Mala reunión con el jefe. Hablamos más tarde. Abrazos». «Te extraño». «¡La presentación fue buena!». «Ay. Dolor de cabeza». Cada una de estas comunicaciones mantiene actualizada la conexión. Ten en cuenta que no todos son positivos ni amorosos. La comunicación auténtica debe ser real.

4. Permite que tu pareja influya en ti.
Tengo que admitir que hubo una vez en que Jo Beth tenía razón. De acuerdo, la verdad es que la tiene casi siempre. Sin embargo, una lección que tuve que aprender fue la de elegir mis batallas. Hay momentos en que, incluso si no estoy de acuerdo con ella, tomo la decisión de la manera que mi esposa quería que se tomara. Al principio, escoge cosas pequeñas para demostrarle a tu pareja que respetas de veras su opinión.

5. Resuelve los problemas que tienen solución.

Los problemas que se pueden resolver suelen estar orientados a eventos en lugar de a los conflictos subyacentes de personalidad o creencias. Si el problema es una casa desordenada, puedes resolver esto. Si el problema es si van a ir a la casa de tus padres o a la de sus padres en Navidad, haz un compromiso y resuélvelo. No permitas que los problemas que tienen solución se vuelvan insolubles. Da. Toma. Da un poco más.

6. Supera el estancamiento.

Gottman llama a esto una «rodilla inestable». Su analogía es que puedes vivir con una rodilla inestable, aunque puedas sentir el dolor de vez en cuando. Sin embargo, encuentras maneras de disfrutar la vida con esa clase de rodilla. En realidad, Jo Beth tiene una rodilla inestable. Nuestra casa tenía tantas escaleras que se vio severamente restringida en cuanto a la forma en que podía moverse por nuestra casa. Entonces, ¿adivinas lo que hicimos? Construimos una nueva casa, todo en un solo nivel. Nos encantaba nuestra antigua casa y nos sentimos bastante nostálgicos por dejarla. Aun así, estamos encantados con nuestro nuevo hogar. Estamos creando nuevos recuerdos allí y disfrutando cada minuto de nuestra nueva vista, viaje más corto e incluso los conejos que a nuestro perro le encanta perseguir. Jo Beth todavía tiene esa rodilla inestable... pero se siente más cómoda maniobrando con ella.

7. Crea un significado compartido.

Hablar de recuerdos felices de la infancia es una buena manera de impulsar el significado compartido. ¿Recuerdas a la mujer que descubrió que el lenguaje del amor de su esposo eran las semillas de girasol? Ahora, cuando él abre su maletín para encontrar un paquete de semillas de girasol, ha surgido un significado compartido. Tanto él como su esposa tienen una broma interna sobre las semillas de girasol.

El significado compartido también puede ser una nueva tradición. Conozco a una joven que perdió a su madre por una enfermedad grave. Su esposo decidió que, para conmemorar el fallecimiento, quería hacer algo significativo cada año. Durante años, ella había hablado sobre las tostadas francesas de su madre. Así que su idea era hacer tostadas francesas para la cena cada año en el aniversario de la partida de su madre. Las tostadas francesas significaban algo más que una cena para esta pareja; tenían un significado compartido.

LOS SIETE «QUÉ NO HACER» DEL CONFLICTO

El conflicto destructivo utiliza varias armas inapropiadas para ganar sus batallas. Nos evitaríamos muchos de estos conflictos si recordáramos los siguientes siete «qué no hacer».

1. No te avergüences de tu enojo.

Cualquiera que quiera ser útil en este mundo se enojará. Si nunca te enfadas, dudo que te hayas desarrollado mucho como persona. Los problemas deben importar; tus opiniones y conclusiones son importantes. Solo recuerda, el enojo no es el problema; la forma en que *manejas* tu enojo sí lo es.

Como ya señalamos, muchas veces en el matrimonio, los opuestos se atraen. Vemos en esa otra persona algo que no tenemos, pero que nos gusta. A menudo, esas diferencias son las que aportan la chispa y la creatividad a la relación.

Sin embargo, ¿qué sucede cuando un boxeador profesional se casa con un pacificador? Aquí tienes a un chico que creció en un hogar que responde al conflicto «sacando los guantes». Cuando surgía un desacuerdo, su familia lo ponía todo sobre la mesa y lo resolvía con una pelea. Todos les decían a los demás lo que pensaban en realidad, y eso casi siempre conducía a ojos morados relacionales.

Su esposa pacificadora es diferente. Cada vez que el conflicto llegaba a su familia, todos se quedaban en un silencio sepulcral. ¡Chitón! No lo menciones, no lo saques a relucir y no hables de eso. *Cualquier cosa con tal de mantener la paz en la familia.* Así que, como adulta, huye de todo tipo de conflicto o confrontación. Le echa tierra al asunto y se niega a admitir que existe.

Ahora mira lo que sucede cuando se casan. El boxeador profesional ve un problema y grita: «¡Vamos a encargarnos de esto!». La pacificadora piensa: «¡Ay, no, no quiero lidiar con eso! Haré cualquier cosa menos eso. No quiero hablar de eso». Así que se retira y evita el problema.

Ahora bien, ¿quién se interpone entre el boxeador y la pacificadora? Demasiado a menudo es ese pequeño niño de seis o siete años.

«Papi, ¿no sabes que a mamá no le gusta pelear?».

«No me importa lo que le guste a tu mamá», gruñe.

A veces, el pequeño se pone del lado del papá.

«Mami, ¿no sabes que papá solo quiere hablar? Tienes que hablar con él».

«No quiero hablar de eso», le responde. «No puedo hablar de eso».

Pronto el niño puede convertirse en el intermediario entre la mamá y el papá. Y ese es un trabajo que nunca debería tener un niño.

Permíteme dedicar un momento para abordar lo peor que puede suceder en este tipo de relación: la violencia. Destroza el hogar, en especial a los niños. Los hogares donde existen la explotación y el abuso tienden a crear hogares de explotación y abuso. No hay excusa para eso, nunca. Si tu hogar sufre de este tipo de enojo, busca la ayuda y el consejo disponibles en tu iglesia o comunidad. Además, recuerda que hasta los matrimonios violentos se pueden sanar con la ayuda de personas afectuosas, y de un Dios amoroso y poderoso.

Si bien no debemos ocultar nuestro enojo, hay una manera apropiada de expresarlo que no tiene nada que ver con empujones, bofetadas o golpes. El enojo es algo bueno, no algo malo. La Biblia dice: «"Si se enojan, no pequen". No permitan que el enojo les dure hasta la puesta del sol"» (Efesios 4:26, NVI*).

Por supuesto, uno tiene que ser maduro para lidiar con el enojo de manera adecuada, y ahí es donde muchos de nosotros perdemos el tren. Estallamos, nos enojamos y atacamos a la persona en lugar de al problema.

Las discusiones en los que un esposo y una esposa expresan con sinceridad su enojo pueden ser terapéuticas. Cuando surgen desacuerdos, debemos informarle a nuestra pareja que la amamos, y que es hora de seguir adelante y resolver la disputa. Esto puede ser bueno y saludable. Así que no te avergüences de tu enojo.

2. No uses artillería pesada ni armas mortales.
Aunque expresar el enojo puede promover una relación saludable, recuerda que no estás en esto para eliminar a tu cónyuge. No quieres una victoria completa e incondicional. Quienes no logran resolver esto agravan sus conflictos, lo que lleva a un mayor aislamiento en lugar de una mayor intimidad. Así que deja algo de espacio para maniobrar.

En la Operación Tormenta del Desierto, la Guerra del Golfo Pérsico de 1991, las fuerzas aliadas trataron de limitar el daño sin dejar de lado sus puntos de vista. En esa guerra, los medios de comunicación estadounidenses nos presentaron las «bombas inteligentes» que podrían identificar un objetivo y causar muy pocos daños colaterales, o ninguno. Los aliados se dieron cuenta de que se exageraba demasiado.

A veces, cuando discutimos con nuestra pareja, usamos la artillería pesada. Entonces, en lugar de las bombas inteligentes, enviamos los imprevisibles misiles Scud del enemigo. Traemos a colación el pasado. Nos insultamos el uno al otro. Recurrimos a menospreciar miembros de la familia del otro.

La exageración es, en realidad, la cosa más cobarde, como lo es lanzar una granada y salir del edificio. Tenemos que permanecer en el cuadrilátero, escuchar con atención y tener el valor para enfrentar cualquier problema que tenga nuestra pareja. Cualquiera puede dar un golpe bajo y correr; los cobardes lo hacen todo el tiempo.

3. No saques los trapitos sucios en público.
Hace unos años, leí sobre una desastrosa recepción de boda en el *Blue Dolphin Inn* en el sur de California. Justo en el medio de la recepción, mientras trescientos invitados hablaban alegres y recordaban a la joven pareja, los novios se enfrascaron en una violenta discusión. Al final, el novio agarró una parte de la tarta de bodas y se la tiró a la cara a su novia.

¡Cataplum! De inmediato, estallaron peleas por la comida y peleas a puñetazos entre los familiares, amigos y asistentes a la boda. Reinaba el caos. Cuando llegó la policía, los novios habían desaparecido.

Esto quizá sea una ilustración extrema, pero señala los peligros de sacar los trapitos sucios en público. No discutas tus conflictos privados frente a amigos, familiares o socios comerciales. Además, no te desahogues de manera inapropiada con tus amigos, padres o algún otro confidente. Eso lastimará a tu pareja y no hará nada para ayudar a resolver un conflicto matrimonial normal.

4. No uses la palabra con «D».

El divorcio no debe ser la palabra que se esgrima como una bomba de tiempo. La palabra indica que no hay una buena razón para resolver el conflicto si, de todos modos, ya terminó. Muchos nos quedamos acorralados debido a nuestra pobre elección de palabras. «Si no te detienes», decimos, «¡conseguiré un abogado!». Usamos grandes y amplias declaraciones y amenazas para controlar a nuestra pareja. Echamos mano a nuestro arsenal, y traemos a cuento algo con lo que lidiamos antes y lo llevamos a la batalla.

¡No todo vale en el amor y la guerra! Si los matrimonios tuvieran árbitros, tocarían el silbato o sacarían la bandera de «fuera» en esta táctica. No te quedes acorralado. No maniobres en una posición desde la que no haya retirada.

5. No uses el método de las tortugas.

Cuando una tortuga encuentra un problema, se mete en su caparazón, se agacha y se queda allí. Muchos nos convertimos en tortugas ante un conflicto matrimonial. Guardamos silencio.

Por supuesto, un poco de silencio puede ser bueno. A veces, necesitamos retroceder y pensar un minuto. Otras veces necesitamos alejarnos y decir: «Tiempo fuera; hagamos una tregua».

Sin embargo, ese no es el enfoque de la tortuga. El enfoque de la tortuga dice: *Voy a guardar silencio. No diré nada hasta que ella se disculpe, o no voy a responder hasta que él responda.* Así que ustedes dos duermen uno al lado del otro en la cama, a unos quince centímetros de distancia, haciendo todo lo posible para no tocarse.

Demasiados de nosotros nos negamos a enfrentar los pequeños conflictos del matrimonio. No los sacaremos a la luz ni hablaremos de ellos. Entonces, con el tiempo, nuestras toperas se convierten en montañas que no auguran nada bueno. Así que evita el método de las tortugas. Nunca he conocido una tortuga con un buen matrimonio.

6. No guardes rencor.

Algunos manejamos los conflictos con rencor. Exageramos las cosas. Tomamos una pequeña situación, la generalizamos y hacemos que parezca como si fuera la situación desde el principio. Las declaraciones acusatorias y los «siempre» les echan leñas al fuego del conflicto. El ataque al carácter es otra forma de arremeter con malos resultados. A menudo actuamos como la esposa en medio de una batalla que miró a su esposo y le dijo:

—Tienes todas las características de un perro, excepto uno.

—¿Y cuál es ese?

—La lealtad.

Cómico, pero demasiado fuerte. Esa es una gran exageración. Sin embargo, algunos hacemos justo eso cuando nos enojamos. Guardamos rencor y nos permitimos descontrolarnos.

7. No uses la relación sexual como arma.

Algunos usan la relación sexual como un medio de castigo o recompensa. Podrían decirle a su pareja: «No voy a hacer el amor contigo hasta que resolvamos las cosas». Entonces, cuando la relación sexual se convierte en un arma de manipulación, toda la relación física se degenera. Muchos esposos se enfadan y deprimen porque sienten que tienen que ganarse el cariño de su mujer.

Tal arma puede desencadenar una «carrera armamentista». Demasiados esposos han dicho: «Te lo mostraré. Encontraré el amor en los brazos de otra mujer». Jesús lo dijo en serio cuando afirmó: «Todos los que tomen la espada, a espada perecerán» (Mateo 26:52).

Ten cuidado de prestarles atención a los «qué no hacer» de los conflictos. De lo contrario, esto ha llevado a innumerables parejas por un camino desgarrador.

LO QUE SUCEDE EN UN CORAZÓN HERIDO

Cuando lidiamos con el conflicto de la manera indebida, la tensión continúa creciendo en el hogar hasta que atravesamos cuatro etapas de dolor. Cada etapa puede conducir a un mayor aislamiento entre marido y mujer. Las Escrituras nos dicen cómo impedir esto. Debemos usar la Palabra de Dios para prevenir y sanar las etapas. Él conoce el corazón; Él lo diseñó.

> No entristezcáis al Espíritu Santo de Dios, por el cual fuisteis sellados para el día de la redención. Sea quitada de vosotros toda amargura, enojo, ira, gritos, maledicencia, así como toda malicia. Sed más bien amables unos con otros, misericordiosos, perdonándoos unos a otros, así como también Dios os perdonó en Cristo. (Efesios 4:30-32)

Una discusión entre un esposo y una esposa se desarrolla en etapas. ¿Reconoces alguno de los siguientes?

Primera etapa: El corazón herido

Todos sabemos algo sobre esta etapa. Nuestras parejas nos han herido y nosotros las hemos herido. A veces sucede de manera intencional, otras veces sin querer. Si somos sensibles, captamos las señales de nuestra pareja y sabemos cuándo se siente herida. Sabemos cuándo algo anda mal, cuándo las cosas se han desequilibrado.

En esta etapa, cada lado se siente herido. «Me heriste». «Me decepcionaste». «No me trataste justamente». Por lo general, esta etapa se expresa con lágrimas, enojo o esa mirada de perro apaleado. Sin embargo, si no dejamos que el sol se ponga sobre nuestro enojo, como dice la Escritura, atravesaremos la etapa del corazón herido. Cuando perdonamos, hay sanidad, pero muchas veces pasamos a la siguiente etapa.

Segunda etapa: El corazón frío

Hacemos esta transición de un corazón herido a un corazón frío sin problemas. Para mantener la paz, podemos actuar con amabilidad, consideración y bien de manera expresa; sin embargo, por dentro, nuestro corazón se ha vuelto frío y amurallado, menos vulnerable a otra herida. Durante esta etapa, un esposo podría reconocer el corazón herido de su esposa y comenzar a hablar con ella, pero sin tratar de resolver el conflicto. La comunicación se lleva a cabo, pero carece de poder para resolver la disputa. Por lo general, esa comunicación parece demasiado agradable. La pareja puede actuar con indiferencia entre sí. Él es el señor Genial; ella es la señora Despreocupada. «¡El conflicto no me molesta!». A medida que evitan el problema y cualquier contacto significativo entre ellos, se instala el corazón frío.

Tercera etapa: El corazón endurecido

En Efesios 4, Pablo nos dice lo peligroso que es el corazón endurecido. Comienza advirtiéndonos que no dejemos que el sol se ponga sobre nuestro enojo, pero luego trae a Dios a la escena. Dice: «No entristezcáis al Espíritu Santo». El Espíritu Santo se entristece cuando tenemos un corazón endurecido e impenetrable. Aquí ya no demostramos el fruto del Espíritu: bondad, compasión, etc. En cambio, nos volvemos firmes y arrogantes en nuestra indignación. Sabemos que tenemos la razón, sabemos que nos agraviaron, y tenemos un espíritu inquebrantable hacia el perdón y la gracia.

> Lo opuesto al amor no es el odio. Lo opuesto al amor es la apatía.

Esta etapa refleja serios problemas (lee Efesios 4:30; 1 Pedro 3:7). Se hace difícil orar. Estamos tan amargados y resueltos en nuestra posición que incluso admitir la debilidad ante Dios se considera imposible. El cielo parece bloqueado y Dios parece estar muy lejos.

Cuando no tienes una relación adecuada con tu pareja, ¿cómo puedes orar? En la etapa de corazón endurecido, eres metálico y resistente. A medida que sigues todo el proceso, te preguntas si tu matrimonio durará. Se pueden desatar todo tipo de conflictos, pero eres tan duro, frío y serio que no te importa en realidad. Y eso lleva a la cuarta y fatal etapa.

Cuarta etapa: El corazón apático

El psiquiatra Rollo May dice que lo opuesto al amor no es el odio. Lo opuesto al amor es la apatía. ¿Ves la progresión? Estoy herido; soy frío, calculador; estoy endurecido; y, por último, soy apático. Ya no me importa. No tengo la energía para odiar; solo estoy paralizado. Estoy arruinado. El amor murió y no siento nada.

A través de los años he aconsejado a muchas parejas. En varias ocasiones escuché a hombres declarar con amargura cuánto odiaban a sus esposas o viceversa. Dirían que no podrían soportar esto o lo despreciaban. Después de dejarlos hablar un rato, les decía: «En realidad, la amas, ¿cierto?». Siempre me miraban asombrados y me preguntaban: «¿Cómo puede saberlo?». Fácil. Era a causa de su enojo. Hay esperanza para un hombre o una mujer así.

Sin embargo, ¿Qué me dices de la pareja que no muestra nada más que apatía e indiferencia? A él no le importa; a ella no le importa Parece que el amor desapareció y que se destruyó el matrimonio.

¡Qué trágico! Y es aún más trágico porque el matrimonio se desplomó al llegar a la cuarta etapa por conflictos que ni siquiera fueron muy importantes.

EL REMEDIO DE CINCO PASOS
PARA LAS CUATRO ETAPAS

Como analizamos, con cada etapa del corazón herido, aumenta el peligro para tu matrimonio. Aun así, ¡la buena noticia es que estas etapas se pueden revertir! He aquí cómo:

Primer paso: Ve al pie de la cruz. Allí se parte desde cero. Recuerda, Jesús murió por ustedes dos.

Segundo paso: Acepta el nuevo perdón y la limpieza que Dios ofrece por medio de Jesucristo. Reclámalo por ti mismo. Recibe el perdón y la sanidad por tu parte del problema.

Tercer paso: Entrégale tu voluntad a Dios. ¡Sí, hazlo! Di: «Estoy dispuesto a perdonar». Puede que tus sentimientos no cambien de inmediato. Esto es una disciplina, un acto de participación voluntaria de tu parte.

Cuarto paso. Comunícate con tu cónyuge. Confiesa tu parte.

Quinto paso. Ahora, perdónate a ti mismo.

CÓMO MANTENER UN CONFLICTO CONSTRUCTIVO

Seamos prácticos. ¿Cómo podemos mantener constructivo el conflicto en nuestros matrimonios?

Entre los conflictos, siéntate con tu pareja y determina el patrón de conflicto en tu matrimonio. Una vez más, no hagas esto mientras suenan los tambores y todos eligen sus armas. Hazlo cuando todo parezca relativamente tranquilo y pacífico. Díganse el uno al otro: «Vamos a sentarnos y hablemos. Hagamos un poco de mantenimiento preventivo».

¿En qué circunstancias o momentos tienden a surgir los conflictos en tu matrimonio? Identifica esos aspectos de tensión y analiza lo que podrías hacer al respecto.

Considera a Juan y Estefanía. Parece que cada vez que salen juntos, estalla la Tercera Guerra Mundial. Ella se agota temprano y quiere volver a casa cuando la noche es joven. Él es de arranque lento y comienza a pasar un buen rato justo cuando ella se siente exhausta.

«Ah, vámonos», dice ella.

«No, quedémonos un poco más», responde él.

Se van a casa enfadados casi cada vez que salen. ¿Qué deberían hacer?

En un momento neutral, necesitan analizar sus patrones. Podrían decidir que en los días que planeen salir por la noche, Estefanía descansará un poco por la tarde. Luego, antes de partir para cualquier evento sin plazo definido como una fiesta, acordarían una hora para marcharse. No les llevará mucho tiempo entender que Juan no trata de agotar a su esposa, ni tampoco Estefanía trata de aplastar la diversión de su esposo. Se dan cuenta de que su problema se relaciona con diferentes metabolismos corporales y personalidades, por lo que acuerdan un procedimiento que evite futuros conflictos.

Qué sencillo. En realidad, la mayoría de nuestros conflictos no se vuelven mucho más complicados que eso. Podríamos encontrar soluciones viables a nuestros desacuerdos si solo nos sentáramos y lidiáramos de manera razonable con ellos.

CUANDO SE TRAZAN LAS LÍNEAS DE BATALLA

Supongamos que aún no has practicado la medicina preventiva y las líneas de batalla ya se trazaron. ¿Qué puedes hacer cuando explota el conflicto? Déjame sugerirte varias cosas.

1. Habla y escucha a Dios.

¡Ora! Exprésale tu conflicto a Dios y escucha su respuesta. En momentos de conflicto, a menudo oro: «Oh, Señor, cambia a mis hijos. Oh, Señor, cambia a mi esposa». Cuando termino mi pequeña súplica, la respuesta a menudo regresa: *Tengo la intención de hacerlo, ¡pero comencemos con el padre de tus hijos y el esposo de tu esposa!*

Antes de hacer cualquier otra cosa, habla y escucha a Dios.

2. Trata de entender a tu pareja.

¿Dices que es demasiado difícil entender a tu pareja? Lo dudo en realidad.

Hace años, tuvimos un repartidor de periódicos que venía todas las mañanas a la misma hora, como un reloj. Todo el vecindario podría decir cuándo Greg llegaba a la escena, incluyendo a los perros.

El equipo canino parecía salir de la nada. No creerías los ladridos, aullidos y gruñidos que estallaban cuando todos se dirigían al pobre Greg. Tomaba sus papeles, palos, piedras o lo que podía encontrar para protegerse de los perros. Una mañana tras otra tenía lugar la misma algarabía.

Un día, un nuevo repartidor de periódicos se hizo cargo de la ruta. Al principio, todos los perros salieron corriendo como de costumbre, gruñendo, intentando morderlo y de atraparlo como si fuera Greg. Sin embargo, este joven tenía un plan diferente. Comenzó a hablar con los perros de una manera agradable y amistosa. Sabía que todos eran solo mascotas, no realmente violentos. Se dio cuenta de que los perros percibían un desafío a su territorio. Comprendió que se sentían asustados e inseguros. Así que empezó a acariciar a una de las pequeñas «bestias». Pasó una semana y otro canino entró en las caricias. Por último, el perro más duro del vecindario se convirtió en su mejor amigo. Desde entonces, todos esos perros salían corriendo meneando sus colas cada vez que oían que venía el repartidor de periódicos. Se sentían muy contentos de verlo porque sabían que los iba a acariciar.

Tal vez podríamos aprender una o dos cosas de ese repartidor de periódicos. Debemos entender a nuestra pareja. ¿Qué la asusta o perturba? Solo piensa un momento. ¿Podría ser que tu pareja se sienta insegura o necesite un poco de atención extra?

3. Trata de entenderte a ti mismo.
Esta quizá sea la tarea más difícil de todas. Casi todos nosotros somos demasiado indulgentes o demasiado duros con nosotros mismos. Pregúntate: «¿Por qué estoy al límite hoy? ¿Por qué dije eso? ¿Por qué actúo así? ¿Qué está pasando que me hizo llevar la oficina a casa o llevar mi casa a la oficina?».

Sé sincero. Y si necesitas ayuda para entenderte a ti mismo, está bien. A veces, otros pueden ver lo que no podemos ver nosotros. Por eso la Biblia dice: «Como aguas profundas es el propósito en el corazón del hombre, pero el hombre de entendimiento logrará extraerlo» (Proverbios 20:5, RVA-2015). Encuentra a un hombre (o si es una esposa, a una mujer) de entendimiento y pídele a este amigo que te ayude a ver tus puntos fuertes y tus defectos. Averigua si puede ayudarte a sacar las aguas profundas de tu corazón.

4. Conversa con tu pareja.

Ninguna relación puede prosperar sin una comunicación habitual y saludable. Sin embargo, cuando hables, asegúrate de elegir palabras positivas y edificantes.

¿Sabes cómo la mayoría de los hombres y mujeres responden a los conflictos en el matrimonio? Reaccionan con palabras duras. Toman represalias. Ofrecen insulto por insulto. Por ejemplo:

- «¿Por qué llevas tu anillo de bodas en el dedo equivocado?», pregunta una esposa. «Porque me recuerda que me casé con la mujer equivocada» responde su esposo.
- «Tenemos un buen matrimonio», dice una esposa, «porque los dos amamos al mismo hombre... ¡tú!».
- «Amas el fútbol más que a mí», se queja una mujer. «Puede ser», responde su esposo, «pero te quiero más que al béisbol».
- «¿Qué tienen en común tu esposo y tú?", pregunta un consejero. «Una cosa», responde la mujer. «Ninguno de los dos puede soportar al otro».

Las declaraciones pueden ser graciosas, pero ilustran el mínimo común denominador en el que muchos matrimonios se hunden al cambiar el insulto por insulto, agravio por agravio.

El Salmo 141:3 ofrece un mejor camino. El salmista le pide al Señor que vigile sus labios. Nosotros también necesitamos orar: «Señor, vigila mis labios; Señor, sé el guardián de mi boca». También podríamos usar una dosis de Proverbios 15:1, que dice: «La suave respuesta aparta el furor, mas la palabra hiriente hace subir la ira». No devolvemos insulto por insulto, sino bendición por insulto. Tenemos que aprender a cambiar lo amargo por lo dulce. Así que elige tus palabras con cuidado.

5. No se ponga el sol sobre tu enojo.

Lo dijimos antes: no dejes que tu enojo se infecte (lee Efesios 4:26). No dejes que tu enojo pase de la etapa del corazón herido. Esto no significa que tú y tu cónyuge estén de acuerdo en todo. Significa que te quedarás despierto hasta tarde muchas noches, asegurándote de no dormirte hasta que se junten sus corazones.

Jo Beth y yo hemos decidido no dormir nunca por la noche hasta que se junten nuestros corazones. Es posible que no se resuelva el problema, pero no dejaremos que el enojo sea nuestra última emoción mientras nos quedamos dormidos. A menudo logramos esto «tocando los dedos de los pies».

Cada vez que llega la hora de acostarse y todavía estamos molestos el uno con el otro, o estamos atravesando un conflicto, apagamos la luz y pensamos en los primeros cuatro pasos: habla y escucha a Dios, trata de entender a tu pareja, trata de entenderte a ti mismo y conversa con tu pareja. Entonces, mientras nos acostamos en la oscuridad, cada uno de nosotros ora. Tratamos de entender de dónde viene el otro, mientras también nos miramos a nosotros mismos. Pensamos en lo que se dijo y cómo lo dijimos. Es asombroso cómo pasamos por este proceso a casi el mismo ritmo.

Por último, llegamos al punto en el que nos tocamos los dedos de los pies en la cama. Esa es nuestra forma de decir: *Te amo, y sé que vamos a resolver esto.*

6. Haz de la confesión y del perdón una prioridad.

Una vez que completes esos cuatro pasos y «toques los dedos de los pies», el siguiente paso es decir: «Cariño, lo siento. ¿Me perdonarás?». Estas palabras permiten que el conflicto le abra la puerta a una relación más fuerte. Muchas veces ofrecer un poco de perdón es todo lo que se necesita para que una pareja vuelva a estar junta.

En un conflicto destructivo, uno de los dos puede ganar, pero el matrimonio pierde. Aprendamos a manejar los conflictos de manera constructiva. Cuando lo hacemos, ninguno de los dos gana, pero el matrimonio sí. Y nuestra relación se fortalece.

«ESE NO ERA YO EN REALIDAD»

¿Alguna vez has considerado que tus reacciones quizá no tengan un mayor efecto en tu matrimonio que tus acciones? Por supuesto, las acciones siguen siendo de vital importancia. Ayudamos o herimos a nuestros seres queridos con nuestras acciones. Sin embargo, incluso si nuestras acciones son perfectas, podemos devastar nuestros matrimonios a través de reacciones inapropiadas.

Por ejemplo, si no miento, engaño, cometo adulterio, robo ni me emborracho, dirías que mis acciones tienen un sobresaliente. En cambio, ¿qué sucede si, en un momento de conflicto, arremeto con celos, odio o espíritu de venganza? En un sentido real, mis reacciones pueden causar más daño (o crear más armonía) que mis acciones.

Muchas veces, cuando reaccionamos de manera inapropiada, decimos: «Ese no era yo en realidad. Admito que tengo mal genio, pero ese no era el verdadero yo». Tengo noticias para ti: Ese es el verdadero yo y ese es el verdadero tú. La forma en que respondemos en un conflicto revela a la verdadera persona que hay dentro.

Piénsalo de esta manera. ¿Qué sucede cuando pones una bolsita de té en una taza de agua caliente? El agua pronto se vuelve marrón. ¿Por qué? ¿El agua caliente se volvió marrón? No. El color marrón estuvo en la bolsita de té todo el tiempo; el agua caliente solo sacó a relucir su color natural.

¿O qué sucede cuando exprimes un limón? Sale un jugo agrio y amargo. ¿El hecho de exprimir hizo que el limón se agriara y amargara? No. Al exprimirlo, solo se pone de manifiesto la acidez y la amargura ya presentes.

De la misma manera, cuando nos encontramos en "agua caliente" o "nos exprimen" en nuestros matrimonios, lo que sale es lo que hay dentro. Por lo tanto, no solo necesitamos trabajar en nuestras acciones hacia nuestra pareja, sino también en nuestras reacciones en momentos de crisis.

«POR SUERTE PARA ÉL...»

El conflicto entra en cada matrimonio, pero depende de nosotros asegurarnos de que sirva para un propósito constructivo. El conflicto en el hogar puede conducir a la resistencia y a una profundización de nuestra relación, tanto con nuestro cónyuge como con Dios. Y eso nos lleva a la madurez.

Una abuela muy querida estaba celebrando su cincuenta aniversario de bodas.

—Mama, ¿cuál es la clave de la felicidad y la alegría que tú y papá han conocido a través de los años? —le preguntó una de sus hijas—. Por favor, cuéntales a todos tu secreto.

—Bueno —comenzó—, cuando tu papá y yo nos casamos, hice una lista de diez cosas que pasaría por alto sobre su personalidad, cosas que no me gustaban. El día que caminamos por el pasillo, prometí que cuando surgiera cualquiera de esas diez cosas, lo pasaría por alto por el bien de la armonía matrimonial.

—Abuelita —respondió emocionada una de sus nietas—. Dinos esa lista. ¡Dinos cuáles fueron esas diez cosas!

—Bueno, cariño —respondió ella—, para ser sincera, nunca las escribí. Sin embargo, cada vez que tu abuelo hacía algo que me hacía enojar, pensaba: Por suerte para él, esa es una de las diez cosas.

¿Qué «diez cosas» te enojan de tu pareja? ¿Qué comportamiento o hecho tiende a causar el mayor conflicto en tu hogar? Cualesquiera que sean esas diez cosas, sería prudente que usaras el ejemplo de esta abuela. Entonces, tú también estarás camino a las bodas de oro.

REFLEXIONES SOBRE TU RELACIÓN

Si estás casado:
1. ¿Qué conflicto llevó al fortalecimiento de un punto débil en la relación con tu cónyuge?
2. ¿Eres un pacificador o un boxeador profesional? Explícalo.

3. ¿Cómo necesitas cambiar para hacer del conflicto un aliado en lugar de un enemigo?
4. ¿Cómo manejaron tus padres el conflicto cuando eras niño? ¿Cómo te ha afectado ese patrón?

Si consideras casarte o te preparas para el matrimonio:
1. ¿Qué conflictos o tensiones tienes en tu relación? (Si crees que no hay conflictos, tal vez tú, o tu ser amado, no sean sinceros en cuanto a sus actitudes, preferencias o sentimientos).
2. ¿Se expresan sus desacuerdos el uno al otro? Sí o no, ¿por qué?
3. Discute con tu amado las cosas que crean tensiones. Pídele que haga lo mismo.
4. Juntos, planifiquen estrategias para enfrentar conflictos en el futuro. Las siete estrategias positivas de Gottman pueden proporcionar un buen marco de referencia aquí.

UN COMENTARIO PERSONAL

Evitarás las arenas movedizas del materialismo

La manera en que administras las finanzas es solo una cuestión de mayordomía: La propiedad de Dios, su fideicomiso. Este capítulo te dice cómo salir y mantenerte libre de deudas, y cómo evitar las trampas del materialismo.

Quinto
MANDAMIENTO

EVITARÁS LAS ARENAS MOVEDIZAS DEL MATERIALISMO

Las campanas de la boda apenas habían dejado de sonar cuando una conocida joven pareja de Carolina del Sur decidió que necesitaban una casa más grande. Pronto estos recién casados se ataron a un enorme pago de la hipoteca, pero eso no es todo.

Más espacio para llenar significaba más muebles y lo último en artefactos tecnológicos. También decidieron que su casa no estaría completa, ni se vería como todas los demás en su zona, hasta que un par de los últimos vehículos utilitarios deportivos se estacionaran en el camino de entrada.

Por fin, creyeron que habían logrado el aspecto, la imagen y la sensación de una exitosa pareja estadounidense. Y al igual que millones de otras parejas similares, se encontraron hundiéndose en una arena movediza de materialismo y deudas.

Una noche, mientras miraban su televisor de una pantalla más grande que la vida, vieron un anuncio sobre la consolidación de deudas con un préstamo hipotecario. Llamaron al número que parpadeaba en la pantalla y consolidaron todo el dinero que debían en un nuevo préstamo de pago fácil. Pensando que, como por arte magia, habían reducido su deuda, añadiendo más pagos a medida que vivían cada vez más a través de sus tarjetas de crédito. Al poco tiempo, esta joven pareja se declaró en bancarrota.

Con el estrés financiero que se sumaba a los problemas de su relación, comenzaron a pelear y discutir sobre el dinero (o su falta). ¿Te sorprende que se divorciaran al final?

Si mirara su certificado de divorcio, es probable que vieras la «incompatibilidad» como el motivo de la ruptura. Esa es la palabra en la jerga legal por la cual dos personas declaran que no pueden llevarse bien entre sí. Cada vez que veo esa palabra, recuerdo a un hombre en Florida que me dijo sin rodeos que se estaba divorciando de su esposa por «incompatibilidad». Él no tenía suficientes ingresos y ella no tenía suficientes «habilidades compatibles».

Los ingresos/la compatibilidad describen bien lo que sucede en demasiados matrimonios. La mayoría de los divorcios estadounidenses son el resultado de conflictos por dinero o sexo, y a veces ambos. En el próximo capítulo consideraremos el sexo. Primero, démosle un vistazo a los desafíos financieros, las deudas en especial, en el matrimonio. De ahí nuestro quinto mandamiento del matrimonio: Evitarás las arenas movedizas del materialismo.

LAS TENSIONES QUE TRAE EL DINERO

Varias tensiones en el matrimonio provienen del ámbito financiero, aunque pueden encontrar expresión en otras vías. Muchos consejeros creen que más de la mitad de todas las rupturas familiares en Estados Unidos tienen su origen en el dinero: demasiado, insuficiente, mala administración, grandes facturas, intereses y todo lo demás. A menudo pensamos en términos de parejas que acumulan deudas juntas. Sin embargo, casi todos los de la generación de milénicos van al matrimonio ya cargados con una deuda considerable. Según el informe de tendencias sociales del Centro de Investigaciones Pew: «Dos tercios de los recién licenciados tienen préstamos estudiantiles pendientes, con una deuda promedio de unos veintisiete mil dólares»[1].

El cuarenta por ciento de todos los trabajadores asalariados en los Estados Unidos son mujeres. Según algunas estimaciones, las mujeres controlan el sesenta y cinco por ciento de toda la riqueza en Estados Unidos. En un tercio de todos los hogares estadounidenses, la esposa es la contadora; paga las cuentas y controla el bolsillo. Por eso es que los vendedores ambulantes de tarjetas de crédito, que envían unos dos mil millones de solicitudes al año[2], se dirigen a las mujeres de manera tan audaz.

Cuando MasterCharge cambió su nombre a MasterCard, la compañía tal vez no entendiera cuán descriptiva era de veras la nueva denominación. Esa tarjeta, y todas las demás, ¡han «dominado» a millones de personas!

Una chica universitaria le dijo a su mejor amiga que estaba a punto de casarse: «Desde luego que espero que tengas un matrimonio feliz». Su amiga le respondió: «Estoy segura de que lo tendremos. Nunca hemos tenido ninguna dificultad en el año que hemos estado juntos, excepto en el aspecto del dinero. Y acordamos que cuando estemos casados nunca hablaremos de dinero».

En otras palabras, le dijo a su amiga: «¡Estaremos felizmente casados hasta que "la deuda nos separe!"».

No todas las deudas son malas. Establecer crédito puede ser algo bueno. Según la Oficina para la Protección Financiera del Consumidor de los Estados Unidos: «Un largo historial de crédito le ayudará con su puntaje [de crédito]. Los puntajes de crédito se basan en la experiencia, a través del tiempo. Mientras más experiencia tenga usted con obtener crédito y el pago de sus cuentas a tiempo, mayor información habrá para determinar si usted maneja bien el crédito que recibe»[3]. La oficina alienta a que siempre pagues tus cuentas a tiempo, a fin de mantener un buen crédito, haciendo que la deuda sea positiva en lugar de negativa.

¿MÁS SIGNIFICA MEJOR?

Muchas personas intentan abordar el problema del dinero con una solución simplista. Creen que si solo tuvieran más dinero, se resolverían todos sus problemas. El caso de uno de los hombres más ricos de la historia muestra el vacío de esa creencia. Cuando J. Paul Getty murió, su fortuna ascendía a cuatro mil millones de dólares. Sin embargo, según los informes, Getty, que se casó cinco veces, lamentaba que las únicas personas a las que envidiaba eran a las que tenían matrimonios exitosos.

En el obituario de Getty, el *New York Times* señaló: «En realidad, los negocios eran la vida del Sr. Getty. Una de sus exesposas comentó una vez, tal vez de manera adusta, que el negocio era su "primer amor" y que la riqueza solo era un subproducto»[4].

¿Cómo podemos aprender de los errores de Getty y forjar matrimonios exitosos? Parte de la solución viene de la comprensión del dinero. Dos palabras ayudan aquí: mayordomía y presupuesto.

DOS PALABRAS PARA LA VIDA

Nunca debemos reservar el término mayordomía para el mundo de los vitrales. Necesita informar y dirigir nuestra vida cotidiana.

Malinterpretamos el dinero y su uso cuando pensamos que es todo nuestro, o incluso como el 90 % nuestro con el 10 %, el «diezmo», que va a Dios. Lo cierto es que Dios es el dueño de todo y nos confía parte de él para que lo usemos por un tiempo. Dios nos hace custodios de sus posesiones. La mayordomía se refiere a la propiedad de Dios y la asociación de un ser humano. Jesús dijo: «Busquen primeramente el reino de Dios y su justicia, y todas estas cosas les serán añadidas» (Mateo 6:33, RVA-2015). Cuando le damos el primer lugar a la agenda del Padre, a las prioridades del Hijo y a las causas de la iglesia de Dios, invertimos en cosas que duran para siempre.

Cerrarle la puerta a la tentación del materialismo no depende de cuánto dinero que se tenga, sino de cómo se use. Cambiar de una actitud posesiva a una cosmovisión de mayordomía cerrará la puerta a la tentación material.

Las familias que se replantean sus prioridades pueden disfrutar de una notable transformación. Si los esposos y las esposas hicieran un voto de: «Hoy vamos a reajustar, coordinar, volver a planificar y reprogramar, de modo que pongamos primero las cosas de Dios», construirían un muro poderoso contra la tentación de las posesiones materiales que pueden destruir un matrimonio y una familia.

Encuentro que más parejas jóvenes tienen una mentalidad social. Cada año, enviamos a personas de nuestra iglesia para la obra misionera en numerosos países extranjeros. Solo este año enviamos personas en diecinueve viajes a doce países. La mayoría de nuestros misioneros, el 83 % de su totalidad, son milénicos. Estos no son los *baby boomer* ricos y establecidos. Estos jóvenes recaudan su propio apoyo. Veo que poseen una pasión por el servicio que me inspira. Cada vez que veo a una joven pareja sirviendo lado a lado en el reino de Dios, sonrío. Sé que han puesto un énfasis en la riqueza eterna.

> La mayoría de nuestros misioneros de nuestra iglesia, el 83 % de su totalidad, son milénicos.

Una segunda palabra, presupuesto, también puede ayudar a aliviar en gran medida los problemas asociados con las finanzas. Hay muchos planes de administración de dinero disponibles. Hace años, me encontré con uno que me pareció útil en particular. Es fácil de usar y da resultado en la mayoría de las situaciones, con las posibles excepciones de ingresos bajos o altos en extremo. Se llama el «presupuesto 10-70-20»[5]. Funciona así:

1. Primero resta el diezmo y los impuestos de tu ingreso mensual bruto. A menudo, la gente me pregunta si debería diezmar sobre su ingreso bruto o neto. Recuerda, la Biblia enseña que debemos traer a Dios las «primicias», no los frutos después de los impuestos, así que da de tus ingresos brutos. Y, por supuesto, paga tus impuestos. El Señor dijo que debemos darle «al César lo que es del César» (Mateo 22:21).

2. Toma el 10 % de lo que queda después del diezmo y de los impuestos, y ahorra o invierte esa cantidad.

3. Usa el 70% del resto para factores esenciales.
4. Aplica el último 20% a la reducción de la deuda. Si el 20% no cubre todos los pagos, puedes considerar un préstamo de consolidación de deuda, pero ten cuidado de no añadir más deuda.

La clave está en vivir dentro del 70%. En algunos casos de gran caos financiero, llevará tiempo corregirlo. Aun así, la fórmula 10-70-20 se puede aplicar de inmediato para comenzar el proceso.

CODICIA

Nada nos empujará más a las arenas movedizas del materialismo y la deuda que la codicia. La codicia se define mejor como bendiciones mal manejadas.

Los deseos de retener

Una pareja en los primeros días de la iglesia cayó presa de la codicia y cosechó un desastre. Encontrarás su historia en Hechos 5.

> Cierto hombre llamado Ananías, con Safira su mujer, vendió una propiedad, y se quedó con parte del precio, sabiéndolo también su mujer; y trayendo la otra parte, la puso a los pies de los apóstoles. Mas Pedro dijo: Ananías, ¿por qué ha llenado Satanás tu corazón para mentir al Espíritu Santo, y quedarte con parte del precio del terreno? Mientras estaba sin venderse, ¿no te pertenecía? Y después de vendida, ¿no estaba bajo tu poder? ¿Por qué concebiste este asunto en tu corazón? No has mentido a los hombres sino a Dios. Al oír Ananías estas palabras, cayó y expiró; y vino un gran temor sobre todos los que lo supieron. Y los jóvenes se levantaron y lo cubrieron, y sacándolo, le dieron sepultura.
>
> Después de un lapso como de tres horas entró su mujer, no sabiendo lo que había sucedido. Y Pedro le preguntó:

Dime, ¿vendisteis el terreno en tanto? Y ella dijo: Sí, ese fue el precio. Entonces Pedro le dijo: ¿Por qué os pusisteis de acuerdo para poner a prueba al Espíritu del Señor? Mira, los pies de los que sepultaron a tu marido están a la puerta, y te sacarán también a ti. Al instante ella cayó a los pies de él, y expiró. Al entrar los jóvenes, la hallaron muerta, y la sacaron y le dieron sepultura junto a su marido. (Hechos 5:1-10)

Dios había bendecido a Ananías y Safira con una buena ganancia por la venta de sus tierras, pero no estaban dispuestos a darlo todo según sus capacidades debido a su codicia. Querían retener tanto como se pudiera para sí mismos, pero a la vez dar la falsa impresión de que eran tan generosos como les fuera posible.

La codicia hace que muchos esposos y esposas modernos piensen que no pueden dar en la medida en que deberían. Esa mentalidad los empuja cada vez más a la deuda, lo cual se convierte en una razón para no dar.

«¿Qué harías por diez millones de dólares?»

James Patterson y Peter Kim midieron las actitudes de los estadounidenses sobre una serie de temas, incluido el de la codicia. Le preguntaron a personas de todo el país: «¿Qué estarías dispuesto a hacer por diez millones de dólares?». Muchos encuestados dijeron que harían al menos una, o varias, de las siguientes cosas:

- abandonar a su familia (25 %)
- abandonar su iglesia (25 %)
- convertirse en prostitutas por una semana (23 %)
- renunciar a su ciudadanía estadounidense (16 %)
- dejar a su cónyuge (16 %)
- retener el testimonio para que un asesino quedara libre (10 %)
- matar a un extraño (7 %)
- poner a sus hijos en adopción (3 %)[6]

CÓMO SUPERAR LA CODICIA

Mi hijo mayor, Ed, pastorea la *Fellowship Church* con sede en el área de Dallas-Fort Worth. En una serie de mensajes, que más tarde publicó como libro, describió cuatro maneras de superar la codicia[7]:

1. Aprende el secreto de admirar sin desear.
Cuando veas algo atractivo en el escaparate de una tienda, aprende a decir: «¡Vaya, eso es asombroso!», en lugar de: «¡Vaya, eso es asombroso, y debo tenerlo!». Las parejas que desarrollan esta habilidad evitan las arenas movedizas de la deuda al vencer la codicia.

2. Aprende el secreto de regalar cosas.
Cada tres meses, Ed regala algo que valora. Qué gran práctica para adoptar. «Me ayuda a mantenerme libre de la codicia y a poner las cosas en perspectiva», dice Ed.

Como estudiante de primer año en la Universidad de Alabama, me abrí paso en la escuela. También asistí a la Primera Iglesia Bautista de Tuscaloosa, que tenía un programa de construcción en marcha. El liderazgo solicitó promesas para el proyecto visitando a cada miembro de la iglesia. Después de considerar la solicitud, sentí que debía hacer una promesa tan grande para mis escasos ingresos que la promesa sería inasequible. La única forma en que podría pagarla sería confiando en Dios por la cantidad que prometí.

Más tarde ese año, Dios me llamó al ministerio a tiempo completo. Sabía que me transferiría de la Universidad de Alabama e iría a otra escuela, así que comencé a empacar y vi esa tarjeta de compromiso. Había pagado un año en mi promesa y me quedaban dos años. Miré mi chequera y vi que tenía un poco más de lo que necesitaba para terminar de pagar la promesa.

Empecé a pensar en cómo me iba y ya no sería miembro de Primera Iglesia Bautista de Tuscaloosa. En dos años, estaría en otro lugar. Sin embargo, no pude deshacerme de esa tarjeta de compromiso. No pude tirarla ni pude ocultarla. Entonces, antes de irme, escribí un cheque por los últimos dos años de la promesa. Necesité casi cada centavo que tenía.

En el momento en que hice eso, crucifiqué la codicia que me tentó con la posibilidad de no honrar mi compromiso.

3. Aprende el secreto de ser generoso con Dios.

Mientras que la mala administración de las finanzas condenó a Ananías y Safira, otro hombre codicioso, Zaqueo, encontró el rescate de esa trampa. Jesús impactó tanto a este embaucador que de inmediato prometió la mitad de sus bienes a los pobres y la restitución a todos los que había defraudado. Y Jesús respondió a su compromiso diciendo: «Hoy ha venido la salvación a esta casa» (Lucas 19:9).

Dar no salvó a Zaqueo. Sin embargo, fue una señal de que había dado un giro a su codicia y se había convertido en un nuevo hombre en Cristo. Había comenzado a avanzar hacia la generosidad que Dios desea para todos sus hijos.

4. Aprende la realidad de la muerte con relación a las cosas.

Me encanta la forma en que Ed lo expresa: «La muerte marca el fracaso final de las cosas. Podríamos mostrar nuestro dinero en efectivo en esta tierra, pero no podemos llevarnos nada con nosotros cuando morimos».

Una vez, recibí una carta de un hombre que entendía la importancia de la muerte con respecto a sus posesiones. Me escribió:

> Fui miembro de un grupo que constaba de mil miembros, cada uno de los cuales prometía un millón de dólares para [cumplir] la gran comisión [de Cristo]. Después de unos años de jubilación y de vivir la buena vida, volví al negocio del petróleo y gas, y a las inversiones inmobiliarias. Durante algunos años, mi esposa y yo siempre dábamos un mínimo del diezmo y, al final, comenzamos a dar el cincuenta por ciento de nuestros ingresos brutos. Sin embargo, las cosas no salieron bien.

Como saben, tanto el negocio del petróleo y gas como el sector inmobiliario sufrieron mucho a mediados y finales de la década de 1980. Perdí la mayor parte de lo que pensé que sería una jubilación de por vida. Usted contó la historia sobre la experiencia de J. Paul Getty de mirar a través de una ventana sencilla y ver a la gente, pero que cuando se miraba al espejo, solo se veía a sí mismo. La lección fue que cuando se agrega un poco de plata al cristal por el que miramos, solo nos vemos a nosotros mismos. Esto es exactamente lo que me pasó.

Me miraba sobre todo a mí y me impresionaba por lo que había logrado. A pesar de mi fidelidad en dar, mi motivo al hacerlo se estropeaba por mi orgullo. El Señor tuvo que enderezarme. No tengo idea de lo que tiene reservado para mi futuro aquí en esta tierra, pero sé que pasaré la eternidad en el cielo. Le he pedido su perdón. Ahora tengo el Seguro Social y mi ingreso a tiempo parcial para diezmar, y mi esposa y yo lo hacemos con gran alegría y agradecimiento. Es mucho más gratificante diezmar de poco, que cuando daba el cincuenta por ciento de mucho.

Como la riqueza de este hombre murió debido a una recesión económica, su corazón murió a su riqueza. Comenzó a enfocarse en la eternidad y se dio cuenta de que ninguna de sus posesiones terrenales lo seguiría hasta allí, excepto esas en las que había invertido en cosas eternas.

EL BANDIDO DEL ENGAÑO

Otro empujón hacia las arenas movedizas del materialismo proviene del engaño. Antes de que intentaran engañar a otra persona, Ananías y Safira se engañaron a sí mismos. En cambio, no podían engañar a Dios.

Jack Benny fue un famoso comediante de radio y televisión que creó un divertido chiste sobre ser un tacaño. Recuerdo un clásico *sketch* de Jack Benny. Mientras camina por la calle, un ladrón le apunta con un arma. «¡Tu dinero o tu vida!», exige el matón. Benny no dice una palabra. El atracador repite: «¡Tu dinero o tu vida!». Jack Benny responde: «¡Lo estoy pensando!».

Muchos esposos y esposas se engañan a sí mismos en cuanto a las posesiones materiales durante tanto tiempo que se olvidan de que muchas cosas en su matrimonio son más valiosas que el oro. Así que se adentran aún más en el pantano de la deuda, pensando que es un estilo de vida normal.

En algún lugar del camino, balbucean: «pero... pero...». Entonces es demasiado tarde. Las arenas movedizas de la deuda los derriban y muere el matrimonio.

Aconsejé a una pareja que vino a mi oficina finamente vestida. Ella llevaba un gran bolso de diseño con las iniciales LV. A medida que se desarrollaba su historia, me di cuenta de que no se sentía segura con su esposo. Ah, él era cariñoso, leal y amoroso. Sin embargo, la prodigaba con regalos que no podían pagar. Ella describió cómo le dolía el estómago al final de cada mes cuando se daba cuenta de que el dinero casi se había acabado. Cuando lo discutió con su esposo, él pareció ignorarla. Se había acostumbrado a darle otro regalo para asegurarle que tenían dinero, mientras que no lo tenían.

Estaba cansada de las llamadas telefónicas de compañías de servicios públicos y tarjetas de crédito. Empezó a odiar los regalos. Y su seguridad y respeto por su esposo se erosionaron.

EL PELIGRO DE RACIONALIZAR

La base del autoengaño de Ananías y Safira fue su racionalización. Tal vez pensaran que merecían retener toda la cantidad. De seguro que racionalizaron que nadie sabría el monto total de sus ganancias. Sin duda recurrieron a la vieja excusa de que lo que tenían no era asunto de nadie en realidad.

Tal era el problema con el hombre que conocemos como el joven rico. Quería saber cómo ser discípulo de Jesús. El Señor le dijo que vendiera todo lo que tenía, que se lo diera a los pobres, que levantara su campamento y que lo siguiera. (Por cierto, ese no es el requisito de

Jesús para todos, sino para quienes que, como este hombre, permiten que los posean sus posesiones). Sin duda, el joven no podía dejar de pensar con racionalizaciones sobre por qué merecía quedarse con su dinero y lo absurdo de la exigencia de Jesús.

Jesús entendió el error en la vida del joven rico. A través de años de racionalización, se había producido una transferencia de riqueza, no del joven a otra persona, sino de una parte del hombre a otra.

Cuando tu dinero sale de tu mano y entra en tu corazón, es cuando estás en el mayor peligro de hundirte en las arenas movedizas del materialismo.

Otro personaje de la Biblia, Demas, sufría del mismo problema. Pablo le escribió a Timoteo: «Procura venir a verme pronto, pues Demas me ha abandonado, habiendo amado este mundo presente, y se ha ido a Tesalónica» (2 Timoteo 4:9-10).

No caigas en la misma trampa. Demasiadas parejas han mostrado un amor inicial por Cristo y su iglesia; luego, cuando llegó la riqueza, racionalizaron su camino por senderos alejados de Dios. Asegúrate de no caer en las mismas arenas movedizas.

FRACASO AL EJERCER LA MAYORDOMÍA

Ananías y Safira comenzaron preguntando cuánto podían retener para sí. Esa mentalidad los llevó directo a su muerte. Debieron haber empezado preguntando cuánto podían dar por la causa de Cristo y su reino.

Jesús dijo que debemos buscar primero el reino de Dios, y las cosas que necesitamos vendrán como resultado de tal priorización. Jesús también dice: «Donde está tu tesoro, ahí es donde está tu corazón» (Mateo 6:21, paráfrasis).

Muéstrame un individuo con una comprensión adecuada de la riqueza, las posesiones y el dinero, y te mostraré un individuo que entiende las cosas profundas de Dios. En cambio, muéstrame a alguien que no sea fiel con su dinero, que no tenga una visión bíblica de las posesiones, y te mostraré a alguien (sin importar la jerga religiosa de sus labios) que sufre de un gran problema espiritual.

¿Cuánto dinero puede tener una persona y ser un hombre o mujer sincero lleno del Espíritu? ¿Hay un límite?

Sin duda alguna, lo hay. El límite es este: Cuando nuestra riqueza espiritual va a la zaga de nuestra riqueza física, tenemos demasiado dinero. Cuando nuestro compromiso con Dios, su Palabra y la iglesia quedan en segundo lugar detrás de nuestro compromiso con las cosas materiales, hemos ido demasiado lejos y hemos superado la cantidad de dinero que deberíamos retener.

Dios hace una de dos cosas al respecto. Dios puede dejar que nos atragantemos de dinero al permitirnos ganar tanto que nos ahoguemos en su poder. O puede que nos quite el dinero, de una forma u otra, según sea el propósito que tenga para nuestras vidas. Todo depende de lo que ocurra con la riqueza que hemos acumulado, ya sea poca o mucha. La Biblia dice que si somos fieles en lo poco, Dios nos dará la oportunidad de ser buenos mayordomos fieles en lo mucho (Mateo 25:21).

> Cuando Dios nos da más que lo básico, quiere que usemos nuestra abundancia como una bendición para los demás.

Cuando Dios nos da más que lo básico, quiere usar nuestra abundancia como una bendición para otros, para su reino, para cosas que durarán para siempre. Y el hombre o la mujer que no se da cuenta de esto es un necio, según la propia definición de Dios. Sus palabras son claras: «Dios le dijo: "¡Necio! Esta misma noche te reclaman el alma; y ahora, ¿para quién será lo que has provisto?"» (Lucas 12:20).

Lo trágico es que Ananías y Safira encajan en esa descripción. Se metieron de manera intencional en las arenas movedizas y estas se los tragaron.

Sin embargo, ninguna pareja tiene que meterse en las arenas movedizas del materialismo y permanecer allí hasta que el matrimonio se asfixie. A todos, Dios nos da la oportunidad y la capacidad para usar el dinero que nos confía de una manera que lo glorifique y bendiga a otros. No tienes que seguir siendo como Ananías y Safira. A partir de hoy, puedes elegir convertirte en un Zaqueo y demostrar con tu fiel mayordomía que el dinero no es tu dios. Y, entonces, las palabras de Jesús pueden bendecir tu hogar como lo hicieron con el de un exrecaudador de impuestos: «Hoy ha venido la salvación a esta casa».

REFLEXIONES SOBRE TU RELACIÓN

1. ¿Cuál es la fuerza impulsora del materialismo en tu familia?
2. ¿Qué compra estás considerando actualmente que no necesitas?
3. ¿Qué porcentaje de tus ingresos le estás dando a la iglesia?
4. ¿Cuál es la deuda actual de tu tarjeta de crédito? ¿Deudas de tarjetas sin crédito? ¿Qué medidas estás tomando para salir de la deuda?

UN COMENTARIO PERSONAL

*Huirás de la tentación sexual,
en línea y de otra manera*

Este capítulo debe leerse lentamente y en oración. La victoria en esta esfera te permitirá escuchar el sonido de las trompetas cada mañana. El adulterio es la bomba nuclear del maligno. Corre hacia Jesucristo... ¡Él te hará libre!

Sexto
MANDAMIENTO

HUIRÁS DE LA TENTACIÓN SEXUAL, EN LÍNEA Y DE OTRA MANERA

No necesito citar estadísticas para convencerte de que vivimos en una época y una cultura obsesionadas con el sexo. Es muy fácil encontrarnos escuchando, mirando y participando en actividades que corrompen el propósito del sexo, el cual es promover la cercanía y la intimidad entre un esposo y una esposa.

Hasta ahora, nuestros mandamientos fueron sobre cosas que debemos hacer si queremos tener matrimonios felices y saludables. Ahora, debemos considerar algo de lo que la Biblia dice que tenemos que huir, y esa es la base de mi sexto mandamiento del matrimonio: Huirás de la tentación sexual, en línea y de otra manera.

Como sugiere este mandamiento, nuestra huida no solo es por la tentación de pecar de manera física, sino por cualquier cosa que nos aleje de la única persona con quien Dios dijo que debemos compartirnos en lo sexual: nuestro cónyuge. Muchos creemos que mientras no cometamos adulterio físico, no hacemos nada malo, hiriente ni dañino.

En un momento veremos algunas de las cosas que pueden distraernos de nuestros cónyuges y de las intenciones de Dios para el sexo. Sin embargo, primero veamos dos ejemplos bíblicos famosos y contrastantes de cómo lidiar con la tentación sexual.

NADIE ES INMUNE

David, el segundo rey de Israel, nos muestra que nadie es inmune a la tentación sexual, ni siquiera un hombre conforme al corazón de Dios (lee 1 Samuel 13:14).

> Una tarde, al levantarse David de la cama, comenzó a pasearse por la azotea del palacio, y desde allí vio a una mujer que se estaba bañando. La mujer era sumamente hermosa, por lo que David mandó que averiguaran quién era, y le informaron: «Se trata de Betsabé, que es hija de Elián y esposa de Urías el hitita». Entonces David ordenó que la llevaran a su presencia y, cuando Betsabé llegó, él se acostó con ella. Después de eso, ella volvió a su casa. Hacía poco que Betsabé se había purificado de su menstruación, así que quedó embarazada y se lo hizo saber a David. (2 Samuel 11:2-5, NVI*)

Este pasaje nos muestra cómo funciona la tentación sexual. David le echó un vistazo a alguien agradable a la vista y la quiso. Como no veía a nadie más a su alrededor esa noche, incluyendo al esposo de Betsabé, el rey decidió que obtendría lo que quería. ¿Quién lo sabría? Solo él y Betsabé serían los más prudentes. Y, además, ¿quién se atrevería a desafiar al rey?

David se salió con la suya con Betsabé y luego la despidió. Sin embargo, ¡qué desastre creó este momento de placer para David! Y se pondría peor antes de mejorar. Mucho peor.

El embarazo de Betsabé provocó una trágica cadena de decisiones de David. Envió a buscar a su esposo, Urías, un siervo tan fiel al reino como cualquier rey podría desear, y le dijo que pasara la noche con su pareja. «Has peleado duro y mereces una noche con tu esposa», le dijo David al soldado. Urías, en cambio, se negó. Le dijo a David que nunca podría irse a casa para comer, beber y dormir con su esposa mientras el resto del ejército de Israel permanecía en el campo de batalla.

Así que David pasó al Plan B. Como Urías no quería volver a casa con su esposa, David envió a este valiente y fiel soldado al frente de batalla, conspirando con sus jefes militares para que el hombre muriera en la batalla. Sus malvados planes dieron resultado. Cuando los mensajeros trajeron la noticia de que el enemigo mató a Urías, David se casó con Betsabé.

No obstante, el pecado del rey no pasó inadvertido para Dios. El Señor envió al profeta Natán para confrontar a David. Lo irónico es que las propias palabras de David lo condenaron. Natán le contó a David una historia sobre un hombre rico y poderoso que le quitó por la fuerza a un hombre pobre todo lo que tenía. David se sintió indignado y le dijo a Natán: «¡Ese hombre debería morir por lo que hizo!».

«¡Tú eres el hombre!», gritó Natán.

David no se había salido con la suya. Trató de ocultar su pecado durante casi un año y es probable que pensara que lo había logrado. Sin embargo, su inteligencia se quedó corta; Dios sabía todo lo que había hecho. Y solo era cuestión de tiempo antes de que Él trajera corrección a su siervo, el rey.

Si bien Dios le salvó la vida a David, el gobernante castigado aún tuvo que vivir con las consecuencias de sus acciones pecaminosas. El hijo que Betsabé le dio a David vivió justo una semana antes de morir, dejando a David con el corazón roto. No solo se entristeció por la pérdida de su hijo, sino también por la angustia de haber deshonrado a su Dios.

Después que David se arrepintió, Dios bendijo una vez más al rey. Incluso, usó la relación de David con Betsabé para promover su propio reino. No obstante, lo hizo solo después que David sufrió mucho por lo que hizo (2 Samuel 11—12).

JOSÉ SE QUEDA SIN SU CAMISA

La historia de José es más corta y no tan complicada como la de David, solo porque hizo lo que debió hacer cuando se presentó la tentación (¿o debería decir: «ella misma»?). No se detuvo en el lugar y trató de lidiar con esto; solo corrió (Génesis 39).

Un hombre poderoso llamado Potifar servía en el personal de Faraón, y José servía a Potifar. En José, Potifar vio a un joven de gran integridad. También notó que José disfrutaba de un gran éxito en todo lo que hacía. Por lo tanto, Potifar puso a José a cargo de su casa y de todos sus negocios.

José impresionaba a muchos observadores además de Potifar. La Biblia nos dice que el apuesto José llamó la atención de la esposa de Potifar. Ella sabía a primera vista que lo quería, y estaba acostumbrada a obtener lo que deseaba. Así que día tras día persistía en presionar a José para que se acostara con ella.

No fue una hazaña pequeña para José huir de los avances de la Sra. Potifar. Aun así, le dijo: «Su esposo, mi amo, me confía todo en esta casa, ¡incluyéndola a usted! No hay forma de que pueda traicionarlo ni deshonrar a Dios haciendo algo como esto. ¡Así que olvídelo!».

Sin embargo, la esposa de Potifar no tenía intención de aceptar un no por respuesta. Ah, dejó de tratar de persuadir a José con palabras. Entonces, un día, sin nadie más a su alrededor, agarró a José por la camisa y le exigió que se acostara con ella. Como un joven fuerte, José podría haberla vencido con facilidad y tal vez haberla hecho ver las cosas a su manera. A pesar de eso, en lugar de tratar de usar la fuerza o la lógica, huyó de ella. Se escapó tan rápido que literalmente se quedó sin su camisa, dejándola en manos de la esposa de Potifar (Génesis 39:12-13).

¿Y cómo respondió la esposa de Potifar a esta humillación? Acusó falsamente a José de intento de violación. Las autoridades metieron al joven en la cárcel, pero José, que seguía siendo un fiel servidor de Dios, disfrutó de la bendición del Señor incluso tras las rejas. En muy poco tiempo, dirigía la instalación como la mano derecha del alcaide. Y algunos años más tarde, ascendió al segundo puesto al mando de todo

Egipto, respondiendo solo al propio Faraón. Su poderosa posición le permitió salvar a Israel de la hambruna y de una destrucción segura.

La historia de José demuestra cuán grandes bendiciones pueden venir cuando seguimos con fidelidad los mandamientos de Dios. También es un gran ejemplo de cómo lidiar con la tentación sexual que amenaza con abrumarnos: ¡corre!

NO TE ATES... HUYE

El Antiguo Testamento no tiene el monopolio sobre el tema de huir de la tentación sexual. En su primera carta a los corintios, Pablo llama a nuestros cuerpos templos del Espíritu Santo. Dice que cualquier otro pecado lo cometemos contra Dios, pero la inmoralidad sexual es un pecado contra Dios y nuestros propios cuerpos. Los residentes de Corinto sabían bastante sobre la inmoralidad sexual; muchos acudían a esta en lugar de huir de ella. Sin embargo, Pablo les instruyó que huyeran (1 Corintios 6:18, NVI).

El apóstol le repitió este mandato a un joven pastor llamado Timoteo. Como la mayoría de los hombres jóvenes, tal parece que Timoteo luchó con la lujuria. Por lo tanto, Pablo le instruyó a su joven amigo que huyera «de las pasiones juveniles» (2 Timoteo 2:22). Esto sigue siendo una palabra no solo para los esposos y esposas, sino también para los que no se han casado aún. La Biblia enseña que nuestros cuerpos son regalos reservados para nuestras futuras parejas. Qué maravilloso regalo de bodas para traer a tu propio matrimonio.

Tanto en el Antiguo como en el Nuevo Testamento, la Biblia nunca nos anima a tratar de evitar la lucha contra la tentación sexual. Insiste en que nos apartemos por completo de su camino.

CONSTRUYE UN FOSO DEFENSIVO ALREDEDOR DE TU MATRIMONIO

Esposos
Hombres, protejan su matrimonio. Tomen medidas proactivas para mantener alejado al enemigo. Establezcan reglas básicas para ustedes

mismos; no obliguen a sus esposas a establecer las reglas por ustedes. Los hombres cristianos, en especial, necesitan estar en guardia. La tasa de divorcios es estadísticamente tan alta para los matrimonios cristianos como para todos los demás. El adulterio viene en todas las formas y tamaños. Cada uno trae desastre, angustia y desesperación.

Hombres, estamos a cargo del liderazgo del hogar. Se nos ordena que amemos a nuestras esposas como Cristo amó a la iglesia. Cristo ama con ternura, afecto e intimidad. Únanse a sus esposas donde están ellas. Las mujeres necesitan cariño e intimidad emocional. Hagan ese sacrificio por sus esposas, aunque no se sienta natural. Mantengan fortificados sus hogares y matrimonios, y sepan cómo detectar el ataque del enemigo antes de que se acerque demasiado a sus hogares.

Aquí tienen algunas reglas que ayudan a establecer un foso defensivo alrededor de sus hogares, matrimonios y relaciones con Dios:

1. Nunca te permitas estar a solas con una mujer que no sea tu esposa. Sin excepciones. Considera las excepciones como espías del campo del enemigo.
2. No hables de tu esposa con otras mujeres. Jamás. A menudo pensamos que buscamos consejo, pero en su lugar traicionamos nuestros votos de amor, honor y respeto.
3. No guardes secretos. Comparte las contraseñas de correo electrónico y teléfono celular. La transparencia y la honestidad son fundamentales para la intimidad divina.
4. Ten la costumbre de dar un toque no sexual a diario. Las mujeres necesitan y prosperan con una conexión tierna.
5. No te vayas a la cama enojado. Siempre haz las paces antes de que se ponga el sol.
6. Oren juntos todos los días. La intimidad con el Señor inspira intimidad el uno con el otro.
7. Evite el Facebook o ten una página de Facebook conjunta con tu esposa.

8. Protege tus ojos... no mires por encima del foso. Y no permitas que el Enemigo invada tu matrimonio desde adentro viendo pornografía en tu computadora, teléfono o consola de juegos.

Esposas

La infidelidad no solo es un patrón de pecado masculino. En nuestra cultura, cada vez más las mujeres son las que se desvían de sus votos matrimoniales. Como pastor, escucho historias desgarradoras de problemas matrimoniales. Lo tradicional era que una pareja se acercara a mí en la que el hombre se había desviado, mientras que la mujer luchaba por mantener el matrimonio, y aceptar a su contrito esposo de regreso en su corazón y en su hogar después de tan horrible violación de los votos. En los últimos tiempos, tres de cada cuatro veces que veo un matrimonio en ruinas, es por la infidelidad de la mujer.

La infidelidad sexual de las esposas va en aumento. ¿Por qué? A menudo escucho las mismas respuestas: «Mi esposo no estaba disponible para mí en lo emocional». «Estaba emocionalmente hambrienta de la relación». «Conocí a alguien que me *entiende* de veras».

No hay excusa para la infidelidad. Romper el pacto es un pecado atroz. Se debe colocar una armadura fuerte alrededor de la santidad del matrimonio. Tanto las mujeres como los hombres deben adoptar una postura proactiva a fin de proteger su matrimonio contra el enemigo. Mujer:

1. Nunca te permitas estar a solas con un hombre que no sea tu esposo. Sin excepciones. Mira las excepciones como espías del campo del enemigo.
2. No hables de tu esposo con otros hombres. Jamás. A menudo pensamos que buscamos consejo, pero en su lugar traicionamos nuestros votos de amor, honor y respeto.
3. No saques a relucir tus decepciones respecto a tu esposo con tus amigas. En el matrimonio no hay cabida para un comité de chicas. Si necesitas consejo, busca el consejo piadoso.

4. No guardes secretos. Comparte las contraseñas de correo electrónico y teléfono celular. La transparencia y la honestidad son fundamentales para la intimidad divina.
5. Evite el Facebook o ten una página de Facebook conjunta con tu esposo.
6. No te vayas a la cama enojada. Siempre haz las paces antes de que se ponga el sol.
7. Oren juntos todos los días. La intimidad con el Señor inspira intimidad el uno con el otro.

Manténganse fuertes, concéntrense el uno con el otro y en Dios, y estén en guardia contra las tácticas al parecer inocentes del enemigo.

EL DISEÑADOR DEL SEXO

Es el plan de Dios

Hace unos años escribí un libro titulado *Expression of Love*. En uno de sus capítulos describí cuatro cosas que creo que todos deberían saber sobre el sexo. Primero, la el sexo es idea de Dios. Los humanos no lo inventaron ni mejoraron. Dios lo creó; mejor aún, lo diseñó, y no solo para la procreación. Dios diseñó el sexo a fin de que fuera un acto de placer gozoso mediante el cual el esposo y la esposa se unen de manera física, espiritual y emocional: se convierten en uno.

En segundo lugar, la sexualidad humana es única. La sociedad quiere que creamos que solo somos parte del reino animal, nada más. «Es natural», dice el mantra cultural. Sin embargo, el sexo no está diseñado como una simple consecuencia del instinto, sino como un vínculo íntimo y agradable entre un esposo y una esposa, tanto para la procreación como para el placer. Aunque el mundo nos haga creer que hemos evolucionado a un nivel justo por encima de los animales, Dios nos dice que somos creados poco menor que los ángeles. La Biblia dice que somos creados a la imagen de Dios. Es más, los seres humanos son la corona de la creación (lee el Salmo 8:5). Por lo tanto, la sexualidad humana es única.

En tercer lugar, el sexo involucra todos los aspectos de nuestro ser. En el plan divino de Dios, creo a Eva para que completara a Adán. En realidad, era su media naranja y llenaba el vacío en su vida que ninguno de los animales podía ocupar. Era hueso de sus huesos y carne de su carne; en otras palabras, ¡justo lo que él necesitaba! Una vez que Adán se dio cuenta de esto, Dios creó el matrimonio. «Por tanto, dejará el hombre a su padre y a su madre, y allegarse ha a su mujer, y serán una sola carne» (Génesis 2:24, RVA). El sexo implica una unidad total con nuestras parejas, al igual que con esa primera pareja: de manera física, sí, pero también psicológica, emocional y espiritual.

Esa es una de las razones por las que el sexo antes del matrimonio no es saludable: une a las personas en una intimidad diseñada de forma exclusiva para el matrimonio. Crea vínculos que están destinados solo para el matrimonio. Por eso es que el sexo requiere límites, nuestro cuarto punto. Dios creó el sexo como un acto sagrado entre dos personas comprometidas entre sí en la relación de pacto del matrimonio. Debido a su carácter sagrado, la expresión de amor y unidad entre un esposo y una esposa debe protegerse y honrarse. «Sea el matrimonio honroso en todos, y el lecho matrimonial sin mancilla» (Hebreos 13:4).

Sin embargo, la unión sexual es aún más profunda que eso.

Es el símbolo de Dios

Las relaciones entre un esposo y una esposa simbolizan la forma en que Dios interactúa con su pueblo. Como un acto de amor increíble, Dios busca la intimidad con nosotros. Puedes escuchar el corazón del amante en la forma en que Dios se dirigió a Israel a través de su profeta Ezequiel:

«Entonces pasé junto a ti y te vi, y he aquí, tu tiempo era tiempo de amores; extendí mi manto sobre ti y cubrí tu desnudez. Te hice juramento y entré en pacto contigo» —declara el Señor DIOS— «y fuiste mía. Te lavé con agua, te limpié la sangre y te ungí con aceite. Te vestí con tela bordada y puse en tus pies sandalias de piel de marsopa; te envolví con lino fino y te cubrí con seda. Te engalané con adornos, puse brazaletes en tus manos y un collar a tu cuello. Puse un anillo en tu nariz, pendientes en tus orejas y una hermosa corona en tu cabeza. Estabas adornada con oro y plata, y tu vestido era de lino fino, seda y tela bordada. Comías flor de harina, miel y aceite; eras hermosa en extremo y llegaste a la realeza». (Ezequiel 16:8-13)

Dios trató su pacto con Israel como un matrimonio. Algunos intérpretes no solo ven el libro de Cantares del Antiguo Testamento como una declaración poética del amor de Salomón por su esposa, sino también de Dios por su pueblo. El Nuevo Testamento representa a la Iglesia como la novia de Cristo.

Así que el sexo entre un esposo y una esposa tiene la santidad adicional de simbolizar el gran e íntimo amor de Dios hacia sus seres creados. Por lo tanto, el sexo fuera del matrimonio es el equivalente a la idolatría.

¿Cómo protegemos la santidad del matrimonio? Prestando atención a las Escrituras y huyendo de la tentación sexual. ¿Cómo lo logramos? Al huir de él como una enfermedad mortal, al reconocer la pureza del sexo como lo diseñó Dios, y al protegerlo de los ataques de una sociedad que ha degradado el sexo a un pasatiempo apasionado.

SEXO CULTURAL

Aunque Dios les concedió el sexo a las parejas casadas como su regalo sagrado, nuestra cultura ha abaratado ese regalo. Para muchos, el sexo se ha convertido en nada más que una actividad recreativa, una diversión sin relación con ningún tipo de amor o compromiso.

La mayoría de las personas que han estado casadas por mucho tiempo estarían de acuerdo en que hoy es más difícil mantener un matrimonio saludable que hace dos décadas. El ambiente cultural ejerce una tremenda presión sobre los esposos y esposas.

Estilos de vida alternativos

La primera tendencia cultural que amenaza el matrimonio es un aumento en los estilos de vida alternativos. Las personas viven cada vez más juntas en arreglos diferentes a la relación tradicional entre esposo y esposa. Una encuesta de Gallup de 2013 reveló que solo el 64% de los encuestados consideraban que era importante casarse si querían pasar juntos el resto de sus vidas[1]. Además, la Fundación Heritage publicó una tabla creada por los esfuerzos combinados del gobierno de los Estados Unidos, la Oficina del Censo de los Estados Unidos y el Centro Nacional de Servicios de Salud titulado: «Muerte del matrimonio en los Estados Unidos». La tabla expresaba la disminución en el porcentaje de niños nacidos de padres casados desde 1930. Disminuyendo desde casi el 100%, la tabla se mantuvo estable en el rango del 90% hasta la década de 1990. Después de los años de 1990, se puede observar un rápido descenso, llegando a solo el 59% de los niños que nacen ahora de padres casados[2].

Los estilos de vida alternativos también incluyen la cohabitación y las uniones entre personas del mismo sexo. A nuestro país lo han bombardeado con este problema controvertido. Un creciente número de Estados están legalizando las uniones del mismo sexo. Gallup y otras organizaciones de investigación revelan que las opiniones de muchos estadounidenses están cambiando con respecto a la aceptación de la homosexualidad, por lo que es probable que la tendencia aumente[3]. El término tolerancia es la palabra de moda que se utiliza para mitigar la línea dura del rechazo total de la enseñanza bíblica sobre el matrimonio.

Inmoralidad sexual

Trata de pensar por un momento en los últimos cinco años en el que un drama televisivo o una película hayan mostrado a un esposo y una esposa en una relación física. Lo más probable es que la pareja que veas durmiendo juntos en las pantallas grandes y pequeñas no sean marido y mujer.

La infidelidad en el matrimonio a menudo conduce al divorcio, y un hogar fracturado muchas veces daña a los niños. En los peores casos, los niños sin padres en su hogar se rebelan contra la sociedad. Las estadísticas son estremecedoras:

- El 72 % de los asesinos adolescentes de la nación provienen de hogares sin padre.
- El 70 % de los reclusos a largo plazo crecieron en hogares sin padres.
- El 60 % de las personas que cometen violaciones se criaron en hogares donde el padre estaba ausente[4].

Sin duda alguna, Estados Unidos necesita volver a lo básico cuando se trata de relación sexual. Dios creó esta hermosa relación. ¿Por qué? Es obvio que para la procreación, el placer y nuestra protección.

Necesitamos huir de la tentación sexual y la inmoralidad, y volver al sexo puro. ¿Cómo podemos lograr esto?

¡NO TE ACERQUES A LA AZOTEA!

¿De verdad quieres huir de la tentación sexual? Entonces, no te acerques a la azotea.

David se metió en grandes problemas, en primer lugar, al estar en el lugar equivocado en el momento equivocado. Mientras Israel enfrentaba a sus enemigos en el campo de batalla, el rey David decidió quedarse en casa. En lugar de llevar a su nación a la guerra, cayó en manos de un enemigo más poderoso que un ejército contrario.

Luego, se concentró en su atracción física por la esposa de otro hombre. Se deleitó con el placer para los ojos que en la azotea le proporcionó el baño de Betsabé esa tarde, pero eso no fue lo que le metió en problemas. David se preparó para una caída cuando se permitió prolongar sus lujuriosas miradas. Mientras miraba con fijeza la belleza de Betsabé, su corazón cayó presa de la lujuria y el deseo.

¿Cuál es tu «azotea»?

Muchos de nosotros, hombres y mujeres por igual, enfrentamos nuestras propias azoteas. No tenemos que salir a la calle para ver nuestros «Betsabé». Nuestro entorno de trabajo o vecindario nos puede proporcionar una azotea. Sé de muchos hombres y mujeres, incluidos quienes trabajan en el ministerio a tiempo completo, que han luchado con pensamientos lujuriosos hacia un compañero de trabajo atractivo o encantador. Otros han soportado esa misma lucha con un vecino, amigo de la familia o asociado.

Y luego están las azoteas que buscamos. Los clubes eróticos para hombres y mujeres proporcionan un pozo negro de tentación. Estos clubes son para el observador de azotea intencional. ¿Eres tú o tu cónyuge un observador intencional de azotea?

La azotea en línea

Quizá nuestro equivalente más cercano a la mirada de David a Betsabé sería mirar el azul frío de una pantalla de computadora llena de pornografía. Demasiadas personas pasan las tardes al igual que David esa fatídica tarde: mirando, contemplando y fantaseando en privado lo que ven.

Con la internet, ni siquiera tenemos que abandonar los agradables confines del hogar para subirnos a una azotea. Hace poco, un hombre que trabaja en la industria informática me dijo que en solo un año los estadounidenses desembolsaron mil cuatrocientos millones de dólares por contenido de internet. De esos mil cuatrocientos millones de dólares, más del setenta por ciento se destinó a pagar por contenido para adultos. Eso es casi mil millones de dólares al año solo para material clasificado X. Además, todo esto te espera en la comodidad de tu propio sillón, o en la conveniencia de tu teléfono celular, disponible para verse de inmediato.

No hace falta un Einstein para ver cómo esto puede devastar la intimidad sexual, y la confianza entre un esposo y una esposa. No puedo comenzar a decirte cuántos matrimonios he visto dañados, o incluso arruinados, por los efectos de la pornografía. Es muy fácil de racionalizar: En realidad, no toqué a otra mujer. Solo estaba mirando.

Cuidado con ese tipo de mentalidad. Cada vez que permitimos que nuestras mentes vayan a un lugar sexual diferente al que Dios quiere que nos enfoquemos, en nuestros cónyuges, es solo cuestión de tiempo antes de que nos sigan nuestros cuerpos. Considera un ejemplo del mundo de las drogas. Algunos sugieren (otros insisten) que el uso de drogas de entrada, como la marihuana, conduce al uso de químicos más duros como la heroína y la cocaína. Casi todas las personas que usan heroína o cocaína comenzaron su consumo de drogas con narcóticos más suaves.

Lo mismo es cierto con respecto al sexo. Un hombre que ve pornografía o participa en chats sexuales puede no darse cuenta de que está creando un deseo insaciable por más. Y pronto lo que solo es virtual puede convertirse en físico. Es solo cuestión de tiempo antes de que permita que su cuerpo siga donde ya ha viajado su mente.

Una caída desde la azotea en línea

Recibí una carta de un hombre que conozco desde hace más de quince años. En una época, este hombre caminó con Dios. Tanto él como su esposa profesaron a Cristo y se mantuvieron activos en la iglesia. Sin embargo, de alguna manera se dejó arrastrar a un mundo de pecado y tragedia que comenzó con una diversión inofensiva en internet.

En una carta escrita a máquina de varias páginas, confesó cómo se había frustrado sexualmente en su matrimonio y comenzó a buscar una salida. Como cristiano, no quería una aventura adúltera. En su lugar, intentó lo que consideraba una liberación segura para sus frustraciones: el internet.

Este hombre comenzó a ver todo tipo de material pornográfico. También pasaba tiempo en salas de chat para adultos donde participaba en conversaciones sexuales lascivas con desconocidos por completo. No mucho después que empezara a usar el internet, conoció a una mujer de otro Estado con problemas matrimoniales similares a los suyos. Chateaban con regularidad en sus computadoras, intercambiaban fotos y, a la larga, empezaron a hablar por teléfono. Sus conversaciones parecían libres y naturales, y pronto sus chats se volvieron sexuales. Al cabo de algunas semanas, dieron lo que parecía el siguiente paso más lógico: Decidieron conocerse en persona. De inmediato, comenzaron una aventura adúltera.

Desearía poder decir que el hombre vio lo equivocado que estaba, se arrepintió y se puso a trabajar reparando el daño que le había causado a su matrimonio. Sin embargo, eso no sucedió. Convencido de que estaba enamorado, se divorció de su esposa, dejándola sola para ocuparse de sus hijos. Su amante hizo lo mismo, y los dos se casaron en seguida.

Jesús una vez les dijo a sus discípulos que cualquiera que mira a una mujer para codiciarla, ya cometió adulterio en su corazón (Mateo 5:28). Su declaración debería advertirnos que debemos proteger nuestros ojos, mentes y corazones de las cosas que nos causarían lujuria. Además, sugiere que nuestro Señor sabía algo acerca de cómo la mente y el corazón, a la larga, conducen al cuerpo a involucrarse en actividades destructivas.

Por lo tanto, con mente, ojos, corazón y cuerpo, huye de la tentación sexual.

¿HUIR A QUÉ?

Me encanta la forma en que Dios siempre nos da una «a». Para evitar la peligrosa trampa de la tentación sexual y construir matrimonios felices y exitosos, necesitamos huir a una intimidad profunda, genuina y bíblica con nuestras parejas.

La intimidad sexual toma tiempo. Esa es una lección clave del mejor manual de sexo jamás escrito, la Biblia, y se destaca en el libro de Cantares de Salomón, un pequeño libro que el Espíritu Santo escondió en el Antiguo Testamento. A lo largo de la historia, muchos hombres y mujeres piadosos han luchado con este pequeño libro; incluso, algunos eruditos en la Edad Media se preguntaron si debía incluirse en la Biblia.

Algunos sostienen que Cantares solo es una mirada alegórica al amor de Dios por su pueblo, del amor de Cristo por su novia, la iglesia. Si bien creo que la alegoría está ahí, también tomo este libro al pie de la letra. Es una obra fabulosa que utiliza un lenguaje vívido y sensual para describir el ideal de Dios de un amor romántico e íntimo entre marido y mujer.

Cantares proporciona una prueba en blanco y negro de que Dios diseñó y creó el sexo y la intimidad sexual dentro del matrimonio. Da un relato memorable del amor apasionado entre Salomón y su esposa, la Sulamita. Cantares nos da una hermosa imagen de amor e intimidad en crecimiento y maduración. Y aquí descubrimos principios prácticos para forjar la intimidad sexual.

INTIMIDAD Y TIEMPO

La intimidad sexual toma tiempo. En el primer capítulo de su libro, Salomón nos da una instantánea del amor entre él y la Sulamita cuando se comprometen. Fíjate que Salomón habla de la cabeza de ella, pues eso es todo lo que puede ver. Todavía no están casados, por lo que el resto de ella permanece cubierta.

En el capítulo 4, Salomón y la Sulamita llevan un tiempo de casados y la descripción se vuelve más íntima y detallada. Salomón escribe sobre los ojos, el cabello y los pechos de su esposa, cosas que un hombre enamorado aprecia en su pareja.

Cuando llegamos al capítulo 7, Salomón y la Sulamita han escrito algo de su historia juntos, como todas las parejas casadas. Han superado las crisis, el dolor y los problemas, pero su amor sobrevive y prospera. Ahora Salomón elogia a su esposa desde la parte superior de su cabeza hasta la parte inferior de sus pies. Juntos, han pasado mucho tiempo y han crecido en intimidad. Solo a través del tiempo una pareja puede lograr una cercanía como esta.

Una mañana, Salomón avanza hacia la sulamita. Su respuesta: «Esta mañana no, cariño. Es demasiado pronto». Al parecer, Salomón olvidó revisar su reloj solar. Él se aleja.

Alrededor de una hora más tarde, su esposa está despierta por completo y ahora desea estar con Salomón, así que va a buscarlo. Sin embargo, los relojes sexuales de este esposo y esposa no están sincronizados en este día en particular y pierden una oportunidad de oro para la intimidad sexual.

Si en el sector inmobiliario el problema es el lugar, el lugar, el lugar, ¡en el sexo es el tiempo, el tiempo, el tiempo! Y eso significa comunicación oportuna.

Cantares trata tanto del discurso como del coito. A fin de desarrollar una intimidad profunda, duradera y apasionada, hay que comunicarse. Estudia los intercambios entre Salomón y su esposa. Se hablan en términos amorosos y usan palabras claves íntimas reservadas para su romance.

Solo en los últimos tiempos se ha reducido el «coito» para que signifique un simple acto sexual. En épocas anteriores, la palabra se refería a varios medios de interacción entre individuos. La relación verbal entre Salomón y la Sulamita es tan excitante y vibrante como su abrazo en la cama. Es más, su romántico intercambio verbal aumenta su disfrute del sexo físico.

El libro de Cantares muestra que Dios tiene la intención de que el sexo entre un esposo y una esposa sea emocionante y placentero. Las parejas harían bien en leerlo juntos.

Alguien dijo que una de las formas más seguras de ponerle fin a la intimidad matrimonial es teniendo hijos. Si bien tener una familia hace que mantener la intimidad conyugal sea un desafío, no tiene que significar el fin de la intimidad.

Los hijos son una bendición maravillosa del Señor, pero también exigen mucho tiempo. La mayoría de las parejas cristianas trabajan para ganarse la vida y, además, tienden a otras responsabilidades de la vida, incluyendo las de la iglesia, y las de amigos y la familia extendida. Eso puede llevar a un horario bastante exigente, y cuando aumentan las responsabilidades de los padres, puede parecer abrumador. Encontrar intimidad en un entorno así no es fácil, ¡pero puedo decirte por experiencia que se puede hacer!

Una clave es que las parejas se tomen el tiempo el uno para el otro, a fin de que planifiquen pasar tiempo lejos del ajetreo y el bullicio de la vida familiar cotidiana. Salomón sabía la importancia de hacer una escapada:

Ven, amado mío, salgamos al campo, pasemos la noche en las aldeas. Levantémonos temprano y vayamos a las viñas; veamos si la vid ha brotado, si se han abierto sus flores, y si han florecido los granados. Allí te entregaré mi amor. (Cantares 7:11-12)

Salomón y la Sulamita entendieron lo que muchas parejas han olvidado hoyen día: A veces solo necesitas alejarte y, juntos, pasar tiempo sin distracciones. Esto permite que la verdadera intimidad matrimonial siga creciendo.

CONSTRUYE LA INTIMIDAD CONYUGAL EN LA ROCA

Nuestro mundo está lleno de todo tipo de trampas matrimoniales y minas terrestres. Sin embargo, algunos matrimonios no solo sobreviven en este mundo de tentaciones, sino que prosperan en él. ¿Cómo lo hacen?

Jesús responde la pregunta en su parábola de los dos cimientos. El Señor nos dio una imagen de dos casas: Una fundada sobre una roca, que se levantó contra la tormenta, y otra construida sobre la arena, que pronto se derrumbó. La misma tormenta sopló contra ambas casas con la misma intensidad de viento, lluvia torrencial e inundaciones (lee Mateo 7:24-27). El violento vendaval desgarró las estructuras, la lluvia golpeó la superficie del suelo y las aguas de la inundación se filtraron en los cimientos. Se atacó cada punto de los edificios.

Lo mismo sucede con nuestros matrimonios. La tentación sexual ataca cada punto de la estructura del matrimonio, hasta sus cimientos. ¿Cómo podemos construir para sobrevivir a la tormenta?

Paul escribe que «como maestro constructor, eché los cimientos, y otro construye sobre ellos. Pero cada uno tenga cuidado de cómo construye, porque nadie puede poner un fundamento diferente del que ya está puesto, que es Jesucristo» (1 Corintios 3:10-11, NVI*).

Cuando construimos nuestros matrimonios sobre la roca de Jesucristo y sus principios, resistirán todo tipo de viento que sople, incluso el feroz vendaval de la tentación sexual.

Tal vez te preguntes: ¿Y qué de mi matrimonio? ¡Está en terreno inestable y lo está golpeando la tormenta! ¿Qué debo hacer? Permíteme animarte con algunos consejos prácticos, esclarecedores y reconfortantes.

CUANDO LAS COSAS SE PONEN DIFÍCILES...

Lo hemos escuchado citar en numerosas situaciones: «Cuando las cosas se ponen difíciles, los duros se ponen en marcha». Por lo general, algún alma bien intencionada nos ha dicho estas palabras en un momento difícil, cuando estamos deprimidos, a punto de rendirnos. Debido a lo conocido, es posible que pasáramos por alto la verdad profunda detrás de esta declaración.

Así como un entrenador alentaría a su equipo a endurecerse y volver a los fundamentos para superar la derrota, Dios quiere que revisemos algunos de los conceptos básicos que nos ha proporcionado. La Biblia está llena de verdades y promesas de Dios. Algunas se declaran de forma directa; otras se entienden a partir del contenido y del contexto de un pasaje o principio.

Tres de estas verdades pueden ayudarnos a superar los desafíos más difíciles de la vida, incluso las tentaciones más fuertes y las heridas más profundas. Estas son: (1) Dios tiene un plan para nuestras vidas; (2) Dios está presente en nuestras vidas; y (3) la protección de Dios guarda nuestras vidas. En ninguna parte se ven mejor estas tres promesas obrando juntas que en uno de mis pasajes favoritos del Antiguo Testamento: Isaías 43:1-3. Es más, recomendaría imprimir Isaías 43:1-3 en un póster y colgarlo en cualquier pared: el vestuario, la sala de juntas o incluso el dormitorio.

El plan de Dios

A través del profeta Isaías, Dios le dice a su pueblo: «No temas, porque yo te he redimido, te he llamado por tu nombre; mío eres tú» (v. 1). ¡Qué palabras tan tremendas! Dios dice: «No temas». ¿Por qué? Porque nos ha redimido por medio de Jesucristo. Y los que conocen a Cristo están en el plan de Dios. Él sabe nuestros nombres; es más, sabe nuestros cumpleaños, nuestras direcciones, nuestros números de Seguro Social, nuestros números de teléfono, incluso los privados. ¡Dios sabe el número de cabellos en nuestras cabezas! Así que relájate. No tengas miedo. Dios tiene un plan para tu vida y matrimonio.

Él incorporará las temporadas tormentosas de tu matrimonio en su plan, así como las temporadas de vigor entre su pareja y tú. Los malos tiempos vienen cuando los hombres y las mujeres, actuando en libertad, toman decisiones equivocadas. Dios no causa la ruptura de las relaciones, pero usará las experiencias de tu vida para tu bien y su gloria (lee Romanos 8:28-29).

Por ejemplo, a través de los trágicos eventos del 11 de septiembre de 2001, aprendimos la reveladora historia de Todd y Lisa Beamer. Esta joven pareja impactó a Estados Unidos con la belleza de su testimonio cristiano, uno a través de su muerte y la otra a través de su vida. Mientras su avión secuestrado se dirigía a toda velocidad hacia la capital de nuestra nación, Todd Beamer inspiró a sus compañeros de viaje y, más tarde, a todos nosotros con sus últimas palabras: «¡Adelante!». Todd murió ese día cuando él y otros heroicos pasajeros lograron desviar el ataque de los secuestradores en Washington, D. C., haciendo que el vuelo 93 de *United Airlines* se estrellara en un área despoblada a las afueras de Shanksville, Pensilvania.

Desde ese trágico día, su viuda, Lisa Beamer, ha inspirado a los estadounidenses con su fe y esperanza. Lisa sabe que Dios tiene un plan para cada uno de sus hijos que ni la muerte ni la vida pueden frustrar. Confió en Dios mientras Él dirigía su matrimonio.

Menos de un año después de la muerte de su esposo, Lisa dijo: «Mi fe me muestra al menos un poco de la perspectiva de Dios sobre nuestro mundo y mi vida, y que hay un buen propósito en todo esto»[5]. Lisa utilizó las palabras de un pastor y escritor del siglo XIX, Henry Van Dyke, para expresar su propia confianza en el plan de Dios:

> En algunos reinos de la naturaleza, las sombras o la oscuridad son los lugares de mayor crecimiento. El hermoso maíz indio nunca crece más rápido que en la oscuridad. El

sol se marchita y riza las hojas, pero una vez que una nube oculta el sol, se despliegan en seguida. Las sombras prestan un servicio que la luz solar no puede prestar.

Cuando tu matrimonio toque fondo debido a la tentación y sus consecuencias, es hora de descansar en tu Padre, quien dice: «No temas». Es hora de confiar en que en la oscuridad, Él está haciendo algo grandioso de acuerdo con el plan que ordenó para tu vida.

La presencia de Dios

Dios ha declarado a través de Isaías: «Cuando pases por las aguas, yo estaré contigo» (43:2). Muchas personas casadas han sido como Pedro caminando sobre el agua. ¿Te acuerdas de la historia? (Consulta Mateo 14:22-33). Jesús caminó sobre el mar de Galilea para unirse a sus discípulos en su barca. En su entusiasmo, Pedro preguntó si él también podía caminar sobre el agua. Jesús dijo: «Ven». Pedro saltó de la barca al agua. Lo hizo muy bien por un tiempo, hasta que apartó los ojos de Jesús y se concentró en el viento y las olas que lo rodeaban. Muchos novios y novias han saltado de la seguridad de sus hogares paternos y, como Pedro, han caminado sobre la turbulencia a su alrededor, hasta que los continuos problemas captaron su atención y comenzaron a hundirse en la desesperanza, la desesperación y en la separación. Incluso, algunos se hundieron en el divorcio.

El rescate para esos cuyos matrimonios se están hundiendo es el mismo que para Pedro. Este extendió su mano y gritó: «¡Señor, sálvame!». Jesús, que estaba cerca, agarró a Pedro y lo levantó.

Si a tu matrimonio lo están arrastrando hacia las profundidades debido a la tentación, los problemas y la confusión, Jesús está tan cerca de ti como lo estuvo con Pedro esa noche en el mar de Galilea.

La protección de Dios

Dios promete su protección en todos los momentos, ya sea que estés sobre las aguas o te estés hundiendo. Él continúa con su promesa en Isaías 43 de que cuando «pases por los ríos, no te anegarán; [incluso] cuando pases por el fuego, no te quemarás, ni la llama te abrasará»

(v. 2). Ten en cuenta que Dios no dijo: «Cuando andes por los ríos... las inundaciones... el fuego». Dijo que cuando pases por esos lugares y condiciones peligrosas. Ninguno de nosotros sabe a qué se tendrá que enfrentar, pero existe una certeza sombría de que algunos de nosotros pasaremos a través de ríos furiosos, inundaciones torrenciales y fuegos abrasadores. Dios es franco y sincero en cuanto a las perspectivas de dolor, pero es igual de sincero en cuanto a la promesa de protección en medio de esos sufrimientos.

También es preocupante que Dios diga que el paso a través del fuego no será una carrera rápida, sino una caminata. Una carrera puede ser solo cuestión de momentos en el calor, pero una caminata puede significar meses, incluso años.

... LOS DUROS SE PONEN EN MARCHA

Para un hombre de apellido Lewis, la caminata duró cinco años. Una enfermedad misteriosa comenzó un curso lento y destructivo a través del cuerpo de su esposa. Al principio, parecía que ella se iría con rapidez, pero no iba a ser así. Día tras día, semana tras semana, mes tras mes, año tras año, ella se fue alejando lentamente de él.

Los días de Lewis los pasaba trabajando duro, tratando de ganarse la vida. Sus noches fueron dadas al cuidado de su esposa. No había a fines de semana llenos de diversión. Solo más tristeza, más dolor.

Además de todo eso, Lewis era un hombre saludable, todavía sexualmente vivo. La tentación lo rodeaba. Las voces susurraban que su esposa estaba, para todos los efectos prácticos, muerta, y que no habría pecado al entrar en una relación sexual con otra mujer. Lewis luchó contra la autocompasión: Me dolía mucho ver morir a mi esposa, ¿por qué debería tener que sufrir este ardiente deseo también? La lógica parecía muy simple, muy apropiada.

Sin embargo, Lewis no cedió. Algo en su corazón lo mantenía fiel a su esposa, ahora en estado de coma. Lo que hizo que Lewis siguiera siendo fiel fue su propia fidelidad al pacto matrimonial que hizo con su esposa una década antes y su compromiso con Dios[6].

Para Lewis, fue una larga y lenta caminata por el fuego. Entonces, cuando murió su esposa, él se paró con honor ante su ataúd, sabiendo que mantuvo el pacto de fidelidad, incluso cuando las personas cercanas a él le dijeron que ya no estaba atado.

Esta es la forma en que superamos los fuegos de la tentación. Nos abrazamos a Dios, incluso cuando ya no podemos acercarnos a un cónyuge que nos dejó o nos es infiel. Tal intimidad con el Padre nos permitirá caminar con tanto éxito por el fuego que ni siquiera habrá olor a humo en nosotros.

REFLEXIONES SOBRE TU RELACIÓN

1. Escribe tu definición del sexo. ¿Tu comprensión del sexo sería más acorde con el sexo de diseñador o el sexo cultural?
2. ¿Qué azoteas te tientan más? ¿Cuál es tu plan de vuelo de esta tentación?
3. ¿Qué calificación le darías a la intimidad (sexual, emocional y espiritual) en tu matrimonio? ¿Qué es lo que tú y tu pareja pueden hacer para mejorar su calificación?
4. ¿Tu matrimonio está construido sobre la roca o la arena? Explícalo.

UN COMENTARIO PERSONAL

Perdonarás a tu pareja... 490 veces y más

Nunca le des un ultimátum a tu pareja. Cuando dos se convierten en uno, eso es el matrimonio, te comprometes a perdonar a la mejor mitad de ti mismo para toda la vida. Deja de golpear a tu pareja con el ayer. Este capítulo te dirá cómo perdonar de verdad.

— Séptimo —
MANDAMIENTO

PERDONARÁS A TU PAREJA... 490 VECES Y MÁS

El matrimonio de Carlos y Nicole no les trajo más que desdichas. Discutían casi a cada instante, sus hijos se rebelaban en todo momento y la casa siempre parecía una pocilga. Tenían ideas diferentes sobre el estilo de vida, el matrimonio y la crianza de los hijos. Con el tiempo, su destruido hogar se llenó de ira, amargura y conflictos. Una gran tragedia parecía inevitable.

El trabajo de Carlos como representante de ventas lo llevaba fuera de la ciudad dos o tres noches a la semana. En uno de estos viajes, conoció a una joven divorciada llamada Cristina. Se reunían para una comida solo para hablar, y pronto se desarrolló una aventura. Cuando Nicole se enteró, se enfrentó a Carlos, y él se fue de casa en seguida. Carlos tardó solo unos meses en darse cuenta de que no amaba a Cristina. En lo más profundo de su corazón, a pesar de los problemas en el hogar, sabía que aún amaba a su esposa. Quería desesperadamente resolver las cosas, pero se preguntaba si Nicole podría perdonarlo.

Aunque Carlos cometió adulterio, tanto él como Nicole tenían mucho que perdonarse. La aventura solo remató años de negligencia, crueldad, egoísmo e indiferencia. Ambas partes tenían mucho camino por recorrer si querían salvar su matrimonio.

UNA PREGUNTA DIFÍCIL

Hoy en día, muchas parejas se enfrentan a la misma pregunta espinosa que enfrentaron Carlos y Nicole: ¿Puede nuestro matrimonio sobrevivir al adulterio? La pregunta tiene mucho que ver con mi séptimo mandamiento del matrimonio: Perdonarás a tu pareja... 490 veces y más.

A través de los años, cuando he hablado con esposos y esposas, he descubierto que para un cónyuge nada es tan difícil de perdonar como el adulterio. Un acto de infidelidad puede socavar la confianza y dividir a las parejas como ninguna otra ofensa.

Por supuesto, nadie se despierta una mañana y dice: «Creo que hoy tendré una aventura amorosa». ¿Qué factores contribuyen al desarrollo de una aventura?

Proximidad

Para muchos que caen en la trampa del adulterio, hay alguien en el trabajo, en los juegos de las Pequeñas Ligas o en el gimnasio. Poco a poco, la proximidad que solo fue una simple cercanía en el espacio se convierte en la proximidad del corazón y del alma. A menudo, como en el caso de Carlos y Nicole, esa proximidad conduce a lo más cercano de todo, la unión física. De esta manera, dos personas que sufren terminan lastimando a otras.

Problemas

Todas las familias tienen problemas, que van desde relaciones estresantes con los hijos e hijas hasta desacuerdos sobre cómo se debe mantener la casa. Como resultado, a menudo se desvanece la relación sexual de la pareja.

Algunas personas pasan por lo que solo se puede describir como locuras de la mediana edad. Un hombre en tal condición atormentadora trata de demostrar su virilidad, mientras que la mujer menopáusica quiere demostrar que es deseable.

Otros problemas incluyen el fracaso y hasta el éxito. Las personas que fracasaron están sufriendo, y buscan afirmación y edificación. A veces, se sienten demasiado avergonzadas para acudir a su pareja, así que buscan a otra persona que pueda entender. Y con éxito, la persona puede recibir reconocimiento y afectuosas sonrisas de los asociados del sexo opuesto. La atención y los cumplidos pueden llegar a ser atractivos.

La filosofía del donjuán

La filosofía del donjuán se puede resumir de esta manera: Si algo es agradable, debe ser aceptable. Debemos reconocer y disfrutar los placeres de esta vida.

Esta es una filosofía desviada y destructiva, pero se ha convertido en un estándar cultural. Incluso, algunos intentan pintar esta perspectiva distorsionada al cubrirla con espiritualidad. Dicen que como cualquier impulso biológico que tengamos debe venir de Dios, es justo satisfacerlo; es más, que se trata casi de nuestro deber sagrado.

Tal cultura propagandística considera a los renegados sexuales como héroes. Y si la gente común no opera al nivel glamuroso de la conquista sexual, bien puede sentir su propia identidad bajo ataque.

LA RESPUESTA A CUALQUIER ERROR

Por supuesto, hay otros males que pueden causar el distanciamiento. Aunque las parejas se mantengan sexualmente fieles entre sí, continúan hiriéndose con actos de insensibilidad y falta de amabilidad, momentos de egoísmo y palabras crueles. A menos que las cosas cambien, la espiral descendente de la amargura continúa.

Podemos responder de muchas maneras ineficaces (y a veces perjudiciales). Algunos cónyuges agraviados solo toman represalias y buscan un enfoque de ojo por ojo. «¡Me voy a vengar!», declaran. Por lo tanto, la esposa dice: «Me dejaste con los niños tres noches esta semana. Estoy cansada de que salgas con los chicos y luego digas que necesitas un descanso. Así que voy a salir para visitar a mis amigas. El lunes iré a ver a Susana, el miércoles a Sara y el viernes visitaré a mamá».

Otras responden con rebelión. «Está bien, Jorge, no esperes que bañe y prepare a los niños para la cama la próxima semana. Puedes hacerlo tú mismo». Si la ofensa es el adulterio, el cónyuge dice: «¡Me voy de aquí! Voy a llamar a un abogado. Hemos terminado». El que quiere irse puede hasta justificar la decisión de marcharse al recordar que la Biblia menciona el adulterio como motivo de divorcio. Incluso, puede ser que le haga una llamada o una visita a un pastor o consejero, a fin de que cuando se produzca el divorcio, la víctima pueda sentirse justificada de que se ha hecho todo lo posible por salvar el matrimonio.

Aún hay quienes responden conformándose. Bueno, supongo que así son los hombres, se dice la esposa. Prepararé a los niños para la cama y leeré un poco. Sin embargo, cada noche se siente descuidada y crece su resentimiento. Se desarrolla la amargura y el matrimonio se vuelve tenso. Y es posible que su esposo ni siquiera sepa por qué.

Para el adulterio, la conformidad es la reacción más triste. El cónyuge ofendido solo acepta el comportamiento de su pareja. Entonces, el esposo y la esposa existen en una especie de subsistencia de «Tú haces lo tuyo y yo haré lo mío». «Mantengamos las cuentas pagadas, los niños alimentados y vestidos, y las buenas apariencias».

Estas tres respuestas causan tanta destrucción como el error mismo. No obstante, hay una respuesta apropiada: la respuesta que Dios bendice de veras.

Él la llama perdón.

TOMA EL CAMINO DEL PERDÓN

¿Cómo podemos lidiar mejor con los defectos, errores y pecados que se presentan dentro de nuestros matrimonios? La palabra clave tiene que ser perdón. Todos necesitamos cultivar un estilo de vida de perdón, una mentalidad que perdona de manera coherente e incondicional.

El Antiguo Testamento proporciona un ejemplo conmovedor de perdón y aceptación incondicionales por parte de un esposo. Se llamaba Oseas; su esposa era Gomer. En este caso, la transgresión matrimonial fue severa: adulterio. Y el grado de perdón parecería ser enorme. ¿Cómo Oseas fue capaz de perdonar a su esposa?

Dios le instruyó a Oseas que se casara con Gomer, a pesar de que era una mujer descarriada (Oseas 1:1-3). Al parecer, la primera etapa de su matrimonio con Oseas abundaba en amor mutuo, compromiso y alegría. Gomer le dio a Oseas tres hijos, pero al poco tiempo tuvo una aventura adúltera, luego otra y otra.

Al final, Gomer dejó a Oseas. Se vendió como prostituta y pronto terminó como esclava. Cuando su amo la puso a la venta, nadie hizo una oferta, excepto un hombre. En un acto de perdón, gracia y amor incondicionales e imperecederos, Oseas compró a Gomer y la llevó a su casa, no como esclava, sino para que fuera una vez más su esposa (3:1-2). Escuchó la palabra de Dios para restaurar a su esposa y lo obedeció (aunque nota que en el v. 3 llamó de nuevo a su esposa para que le fuera fiel).

Esta historia de Oseas y Gomer narra el amor y el perdón incondicionales de un hombre por su esposa y nos proporciona una imagen convincente del amor de Dios por su pueblo descarriado y adúltero en lo espiritual. Es la historia de un amor que se niega a darse por vencido.

El tipo de perdón que le concedió Oseas a su esposa, Dios quiere que nos lo concedamos los unos a los otros, en especial a nuestras parejas. Siglos después de la época de Oseas, Jesús expuso el tema del perdón. Cuando Pedro le preguntó a Jesús: «¿Cuántas veces pecará mi hermano contra mí que yo haya de perdonarlo? ¿Hasta siete veces?». Jesús le respondió: «No te digo hasta siete veces, sino hasta setenta veces siete» (Mateo 18:21-22).

Creo que el viejo Pedro habría sido un buen tejano, al menos según los estereotipos populares. Podría ser temerario, jactancioso, audaz y, en ocasiones, beligerante. En esta ocasión, Pedro quiso mostrarle al Señor lo bien que entendía la idea del perdón. «Si alguien me ofende y lo perdono siete veces por el mismo delito», se jactó ante el Señor, «¿no es eso suficiente?».

Los rabinos de esa época exigían que otros judíos perdonaran una ofensa tres veces. Mucho antes de que alguien pensara en inventar el béisbol, estos líderes religiosos crearon un escenario de «tres *strikes*, ponchado». Sin embargo, una vez que perdonabas a alguien tres veces por la misma ofensa, expiraba tu obligación de perdonar. Pedro también podría haberle dicho a Jesús: «Señor, siete veces es el doble del requisito legal, más uno. ¿No debería ser suficiente?».

Sin duda, el fornido pescador esperaba que Jesús le dijera: «Pedro, ¡qué hombre tan genial y amable eres! ¡Has aprendido el mensaje del reino de Dios mejor que nadie!». Sin embargo, no fue así que respondió Jesús.

«No, Pedro», dijo el Señor, «no perdones solo siete veces. Perdona setenta veces siete».

¡Eso es 490 veces!

La sabiduría de Jesús nos hace tambalear con su profundidad. Quiso decirle a Pedro, y a todos nosotros, que el perdón no solo es una decisión de una sola vez, dos veces ni siquiera de siete veces, sino una forma de vida. Esto es lo que sucede: Si perdonas a alguien 490 veces, en algún lugar alrededor del número 300 ya tienes el hábito de perdonar. El perdón debe ser habitual, una práctica que se convierta en una segunda naturaleza.

Y sin lugar a dudas, debe formar parte de un matrimonio saludable y en crecimiento.

PREOCÚPATE POR LAS COSAS PEQUEÑAS

Ahora mismo, quizá pienses que el perdón tiene que ver con grandes problemas (como el adulterio). Por lo tanto, puede que llegaras a la conclusión de que este capítulo no se aplica a ti. Es posible que decidieras que no necesitas cultivar la habilidad del perdón, ya que las grandes ofensas no ocurren en tu matrimonio. Tal vez tu pareja no pierda el tiempo, no beba, no maldiga o no maltrate físicamente a la familia.

Esas zorras pequeñas

En una relación así, es fácil permitir que pequeñas cosas que no aparecen en el sonar conyugal se escondan debajo de la superficie hasta que aparezcan como grandes puntos en la pantalla, todo porque no creemos que esas pequeñas ofensas deban perdonarse.

La esposa del rey Salomón entendió las amenazas de los problemas menores. Le escribió un soneto de amor a su esposo en el que lo describió como una criatura elegante en busca de su pareja. Escucha su anhelo: «Paloma mía, en las grietas de la peña, en el secreto de la senda escarpada, déjame ver tu semblante, déjame oír tu voz; porque tu voz es dulce, y precioso tu semblante» (Cantares 2:14).

Entonces, vino una súplica extraña: «Cazadnos las zorras, las zorras pequeñas que arruinan las viñas, pues nuestras viñas están en flor» (v. 15).

La esposa de Salomón usó la cosecha como una metáfora de la relación de amor que ambos compartían. No parecía preocuparse en absoluto por el viento, la lluvia ni otras grandes amenazas que pudieran destruir la cosecha. Más bien, se centró en las zorras pequeñas que se retuercen a través de la cerca rota y estropean las vides poco a poco.

Cada matrimonio debe tener cuidado con las zorras pequeñas.

Sin duda, debemos alejarnos de las cosas grandes que pueden destruir nuestras relaciones. Sin embargo, más que eso, necesitamos ofrecer perdón con regularidad por las cosas pequeñas, esos hábitos irritantes y las formas que pueden crear una brecha entre una pareja. Estas zorras pequeñas muerden y rasgan hasta estropear el matrimonio.

Se dice que el matrimonio no es una gran cosa, sino un montón de cosas pequeñas. No podría estar más de acuerdo. Pienso en una mujer que una vez me contó cómo su primer marido la volvía loca salpicando la pasta de dientes en el espejo del baño. «Me quejaba siempre por esto», dijo. «Nunca lo dejaba en paz». Esta «cosa pequeña» causó incontables conflictos y luchas. La esposa no perdonaba a su esposo por hacer un desastre cuando se cepillaba los dientes.

Cuando las pequeñas cosas se convierten en grandes amenazas

El adulterio puede hacer que un cónyuge renuncie de inmediato a un matrimonio, pero las cosas pequeñas pueden acumularse y presentar una amenaza igual de mortal. Se arraigan hasta que dos personas dicen: «Nuestro matrimonio está muerto; no queda vida en él».

Una pareja usó esas mismas palabras para describirle a un consejero matrimonial el estado de su relación. Sin embargo, en todas las quejas y acusaciones, el consejero notó que la esposa seguía refiriéndose a su esposo como «rey».

Al final, el consejero la miró y le dijo: «Dices que no sientes nada por él, pero sigues llamándolo "rey"».

«Ah, sí», respondió ella, «lo he llamado así por años. Ya sabe, "rey", como "Atila, el rey de los hunos"».

¿Puede una mujer perdonar a un hombre que actúa con tanta brutalidad que lo compara con uno de los tiranos más famosos del mundo? ¿Puede una pareja encontrar alguna esperanza una vez que el adulterio ha hecho un agujero del tamaño de un tanque en su cerca protectora? ¿Se puede restaurar la pasión en un matrimonio devorado por las zorras pequeñas de constantes regaños, disputas, pequeños engaños y actos de insensibilidad?

La respuesta es sí cuando el suelo del matrimonio se cubre de perdón.

Conozco a un hombre que sirvió a su país en la Segunda Guerra Mundial. Poco después de casarse, se marchó, dejando atrás a su novia, una joven piadosa. Ella lo apoyó con oraciones y cartas de aliento durante toda la guerra. Cuando regresó sano y salvo, parecía que su vida había tenido un comienzo perfecto.

Hasta que...

Un día, mientras revisaba y limpiaba las pertenencias de su esposo, encontró un alijo de cartas de amor que no eran suyas. Había comenzado una aventura con una mujer en Europa. Esta mujer también le había enviado cartas de amor durante la guerra. Su esposa estaba devastada. Todas sus oraciones, todas sus cartas, toda su confianza, ahora parecían manchadas, contaminadas. Su corazón estaba roto, pero no dijo nada.

Una tarde, su esposo escuchó sus sollozos y entró para ver qué estaba pasando. Cuando vio que estaba angustiada, se apresuró a consolarla, pero se detuvo en seco. Al mirar su rostro, algo le dijo que no aliviaría su angustia. Levantó la vista y vio sus brazos extendidos por la angustia del alma. Desde el otro lado de la habitación, pudo ver la sombra que ella proyectaba sobre la pared. Era la de una cruz.

«En ese momento supe que mi dulce e inocente esposa estaba siendo crucificada a causa de mis pecados», dijo.

Cayó de bruces y clamó a Dios: «Ay, ¿qué he hecho? ¿Qué he hecho?». No sabe cuánto tiempo estuvo en esa posición, su remordimiento era muy intenso, pero sintió las manos de su esposa sobre su cabeza. Ella le besó la cabeza y le dijo: «Ah, Bill, te perdono, te perdono». Bill describió otra voz que escuchó: *Hijo mío, yo también te perdono. Ahora ve y no peques más.*

PERDÓN GRANDE Y PEQUEÑO

Creo que nuestros votos matrimoniales deben redactarse de nuevo. Millones de parejas han prometido «amar, honrar y apreciar», pero quizá lo que necesitamos de veras sean compromisos de amar, honrar y perdonar.

Como se ha dicho, un matrimonio no es tanto la unión de dos grandes amantes como la de dos grandes perdonadores. Los grandes matrimonios están compuestos por dos personas que se han comprometido a perdonarse a diario. Eso significa que Jo Beth y yo debemos reconocer, tratar y perdonar a las zorras pequeñas que se meten en nuestra relación, así como permanecer en guardia ante los grandes carnívoros que acechan en el oscuro horizonte.

Ahora bien, así como existen diferentes niveles de ofensas, también existen diferentes niveles de perdón. Una ofensa pequeña, como salpicar con pasta de dientes, no requiere el mismo tipo de perdón que el juego y la pérdida del dinero para pagar la hipoteca y otras cuentas. La primera ofensa quizá requiera que la pareja perdone todos los días y se niegue a hacer una montaña de un grano de arena. Sin duda, la segunda puede requerir mucho tiempo, oración y esfuerzo para perdonar. Estas dos ofensas, muy diferentes en severidad, requieren diferentes niveles de quebrantamiento y arrepentimiento. En otras palabras, requieren diferentes niveles de perdón.

Algunas personas piensan que todo lo que tienen que hacer para perdonar a su cónyuge es decir: «Te perdono», y luego, nunca volver a mencionar la ofensa. Sin embargo, este no es el verdadero perdón. El verdadero perdón implica una transformación que se produce por una decisión profunda del corazón. No solo es un cambio de mente, sino un cambio del corazón en el que se elimina la ofensa del registro.

Perdonar no significa lanzarle unas pocas palabras amables a la pareja ofensora. Tales palabras se incluyen a lo largo del camino, pero otros asuntos importantes deben entrar en juego para que ocurra un genuino perdón bíblico.

CUESTIONES DEL CORAZÓN

Aceptación

Debemos aprender a aceptar a nuestro cónyuge si tenemos que lidiar con una ofensa. La aceptación significa reconocer que el hecho hiriente sucedió en realidad. No hay forma de deshacerlo, ni siquiera en esta era de la historia revisionista. No podemos cambiar lo que pasó ni encubrirlo por mucho tiempo. Podemos ofrecer nuestras excusas o coartadas, pero el hecho es que el mal ocurrió y tenemos que afrontar las consecuencias. Tenemos que lidiar con la realidad.

Lo trágico es que algunas personas niegan que hirieran o lastimaran a otros. «No es gran cosa. Solo fingiré que nunca ocurrió y seguiré adelante; es demasiado doloroso para afrontarlo». Sin embargo, la ofensa sucedió. Es un evento tan real como el último *Super Bowl*.

Cuando la gente cae en la negación, se produce un proceso peligroso. La ilusión sigue, y estas personas terminan viviendo en un mundo de fantasía. Si pasan el tiempo suficiente en ese mundo irreal, pueden separarse por completo de la realidad.

Es vital aceptar que la ofensa, sea cual sea, sucedió de veras. No la niegues. Solo cuando afrontes la verdad, puedes avanzar hacia el perdón y la solución.

Emociones

¿Cómo respondemos en lo emocional cuando nuestro cónyuge comete algún error contra nosotros? Cuando llega el dolor por primera vez, casi siempre tenemos una reacción emocional intensa.

Cada vez que un cónyuge descubre una aventura adúltera, es natural y comprensible que se calienten las emociones. Respondemos a tal ofensa con sentimientos de ira, dolor, pena y hasta de amargura. Y estos sentimientos pueden llevar a una falta de confianza.

Cuando alguien traiciona nuestra confianza, sentimos un profundo dolor; puede tomar tiempo para que esas emociones sanen y para que se restaure la confianza. Esto puede ser una parte normal y saludable del proceso de sanación y perdón. El problema con estos sentimientos es que podemos aferrarnos a ellos de forma indefinida, usándolos a menudo como un arma contra quien nos hizo daño. El uso de tales armas siempre hiere al individuo y a la relación.

Sé de personas que se paralizan en el lugar, pues se niegan a superar las emociones negativas y avanzar para restaurar la relación. Muchos cónyuges me lo han dicho: «No puedo superar lo que me hizo mi esposo» o «Todavía estoy herido y enojado por lo que hizo mi esposa hace años». Muchas de estas personas tristes se aferran a sus emociones negativas durante años, incluso décadas. Se vuelven como los que sufren la pérdida de un ser querido, pero que no pueden, o no quieren, seguir adelante y permitir que se produzca la sanidad.

De seguro que cuando tu pareja te hace daño, se le da cabida a una respuesta emocional. La clave es saber qué hacer con esas emociones atormentadoras.

¿ESTÁS DISPUESTO A PERDONAR?

Muy pocas veces he conocido a alguien que declarara: «No estoy dispuesto a perdonar a mi pareja». Casi todos decimos de forma automática: «Por supuesto, estoy dispuesto a perdonar».

Sin embargo, ¿lo estamos en realidad?

> Piensa en tu vida. ¿Puedes recordar algún incidente en el que no hayas perdonado?

Piensa en tu vida. ¿Puedes recordar algún incidente en el que no perdonaras?

Jesús ilustró su mandato de perdonar 490 veces con una excelente parábola en Mateo 18. Describió a un siervo que le debía millones de dólares a su rey. No había forma de que este trabajador común pudiera pagar una deuda tan grande. Sin embargo, le rogó al rey que le diera más tiempo para recuperar sus finanzas. El rey tenía todo el derecho legal de meter al hombre en prisión, pero perdonó la deuda y lo envió de vuelta a casa.

Se podría pensar que un hombre que muestra una misericordia tan tremenda buscaría maneras de mostrarles la misma consideración a los demás. Este hombre debió sentirse tan ligero como una pluma. En cambio, de inmediato fue a buscar a un hombre que le debía una suma ridícula. Agarró al hombre por el cuello y le gritó: «¡Págame!».

El hombre endeudado suplicó: «Por favor, deme un poco más de tiempo y le devolveré el dinero. Solo necesito más tiempo». Una petición extrañamente conocida, pero en lugar de mostrarle misericordia al hombre, este siervo encarceló a su deudor.

«Cuando sus consiervos vieron lo sucedido», dijo Jesús, «se entristecieron mucho y fueron a informárselo al rey».

El gobernante reaccionó con furia. «Te perdoné toda esa deuda porque me lo suplicaste», dijo. «¿No deberías tú también haberte compadecido [del que te debía]?» (Mateo 18:32-33).

Con eso, el rey enfurecido emitió la orden: «Tomen a este bribón malagradecido que no perdonó a su amigo y lo arrojó a la cárcel.

¡Entréguenselo a los "torturadores" hasta que me haya pagado cada centavo de la enorme deuda que me debe!» (v. 34, paráfrasis).

Jesús terminó su parábola con estas palabras escalofriantes: «Así también mi Padre celestial hará con vosotros, si no perdonáis de corazón cada uno a su hermano» (v. 35).

Siempre que nos encontremos torturados por las emociones, debemos hacer un inventario de si hemos extendido el perdón a los que nos hicieron daño. Es esencial que perdonemos a quienes nos han lastimado; de lo contrario, quedaremos encerrados en la prisión de la amargura y del odio.

LLEVEMOS CAUTIVO TODO PENSAMIENTO

Una vez que perdonamos y liberamos las viejas heridas, tenemos que dar un paso más hacia la libertad al llevar cautivo todo pensamiento y ponerlo en conformidad con Jesucristo y su enseñanza (2 Corintios 10:5).

Nuestras mentes son campos de batalla. El enemigo de la humanidad sabe que si puede conquistar este territorio, puede gobernar al individuo. Satanás, nuestro adversario, arroja pensamientos dañinos a nuestro camino; esa es su estrategia. Tales pensamientos extraños no pertenecen a la mente de Cristo y, por lo tanto, no son compatibles con el hombre o la mujer que busca seguir a Cristo.

Tales pensamientos adoptan varios disfraces. Sin embargo, ya sean inmorales, engañosos, enojosos, lujuriosos, odiosos o egoístas, debemos tratarlos a todos como un ejército invasor y oponernos a ellos como si fuéramos de veras soldados en un campo de batalla. Los atacamos y los llevamos cautivos. Se convierten en prisioneros de guerra, y los entregamos a nuestro Comandante en Jefe, el Señor Jesucristo. Esto desarma de manera eficaz a los invasores y ya no pueden amenazarnos.

El apóstol Pablo nos da nuestras órdenes de marcha: «Sea quitada de vosotros toda amargura, enojo, ira, gritos, maledicencia, así como toda malicia» (Efesios 4:31). ¿Se te ocurre una mejor descripción de los tipos de pensamientos destructivos que deben llevarse cautivos a Cristo?

Tales pensamientos intentarán uno de estos dos métodos para atacarnos: subterfugio o emboscada. A veces intentan entrar a hurtadillas; otras veces se ponen a la espera como una fuerza masiva. En cualquier caso, y como un acto de la voluntad, debemos orar algo así: «Padre, no voy a cederles terreno a estos pensamientos al centrarme en ellos. Me niego a dejar que me detengan o me golpeen. Rechazo esa sugerencia de resentimiento, amargura, enojo y mala voluntad. Le entrego todos estos pensamientos invasores al Señor Jesús».

A medida que hacemos de esto una práctica constante, descubrimos que nuestras emociones se someten de forma gradual a una mayor medida de control: el control de Cristo.

¿Recuerdas a la pareja de la Segunda Guerra Mundial que se mantuvo unida incluso después que ella encontrara esas cartas de amor de otra mujer? El esposo vio la cruz que su esposa tuvo que soportar debido a su infidelidad. Sin embargo, hay más en la historia. Verás, la esposa perdonó en el momento, pero su corazón seguía herido. Una extraña y amarga fascinación comenzó a crecer con respecto a esas cartas. Las guardó en un cajón secreto y se olvidó de ellos. Excepto... para los momentos en que estaba herida, enojada o sola. Entonces, rumiaba sobre las cartas. Se recordaba a sí misma que tenía los objetos de su esposo: prueba de su pecado y prueba del gran acto de perdón de ella.

Un día, mientras leía su Biblia, leyó 1 Corintios 13: «No guarda rencor». Sabía que el Señor estaba lidiando con su corazón y quería sanarle su dolor, pero para recibir sanidad, tenía que actuar en obediencia. Ella mantenía un registro de errores, haciéndola culpable de un pecado también. Así que se apresuró a su cajón secreto y sacó el fajo de papeles amarillentos. Fue a la chimenea, los arrojó y observó cómo el papel se enrollaba y desaparecía en segundos. Se dio cuenta: *Cristo nos perdona así de rápido*.

Sin embargo, la inquietud cayó sobre la habitación. Durante años le había cedido territorio a Satanás dentro de su matrimonio, un registro de errores, amarguras y falta de perdón. Dijo que una voz satánica se burlaba de ella diciendo: ¡Estás destruyendo la evidencia! ¡Tu esposo estará libre *por completo de sus actos atroces contra ti!*

En voz alta respondió: «Gracias a Dios, eso es exactamente lo que estoy haciendo... ¡el amor perdonador no guarda registros de los errores!».

PERDÓN Y SENTIMIENTOS

Castigo

Vemos a nuestro cónyuge a diario, por lo que a veces es difícil superar el daño que nos causó. Cuando miramos a nuestra pareja sentada al otro lado de la mesa en la cena, incluso podríamos tener la sensación de que se está saliendo con la suya con demasiada facilidad. ¡Creemos que debe haber un castigo, algún sufrimiento por el mal cometido contra mí!

¿Cómo lidiamos con nuestros sentimientos hacia una persona que de veras merece un castigo pero a quien se nos ordena perdonar? En este punto es que necesitamos recordar otro principio bíblico: La venganza es del Señor (por ejemplo, Deuteronomio 32:35; Romanos 12:19). Nuestra responsabilidad es perdonar y dejar que Dios se encargue de cualquier disciplina o castigo necesarios. En su propio tiempo, Dios equilibrará la balanza, para ti y para mí, y para nuestros esposos y esposas.

Necesitamos tener en cuenta este principio en mente cuando nos han agraviado. Nos ayudará a extender con libertad el perdón y la misericordia que Dios nos llama a dar. Y nos ayudará a cumplir el siguiente paso del perdón.

Retribución

Muchos de nosotros tenemos pocos problemas para llegar a este punto en el proceso del perdón. Sin embargo, aunque sabemos que Dios se encargará de los asuntos de retribución, aún nos corroe un problema. Queremos un poco de retribución por los errores cometidos contra nosotros. Puede parecer algo así: «Sé que Dios se encargará del juicio y del castigo de mi esposo. En cambio, quiero alguna satisfacción de todo esto».

Ninguno de nosotros es perfecto; todos necesitamos el perdón y todos necesitamos perdonar. Por lo tanto, ninguno de nosotros tiene derecho a tener nada en contra de nuestras parejas, pero lo hacemos de todos modos, ¿verdad? Como la espada preparada de un verdugo, colgamos esos dolores sobre la cabeza de nuestro cónyuge, listos para usarlos siempre que necesitemos alguna ventaja.

Sin embargo, el paso final en el perdón requiere que dejemos la espada. Tenemos que permitir que quienes nos hirieron se libren de lo que hicieron. Esto significa dejar atrás la ofensa y no volver a buscar el pago o la retribución.

Imagina por un momento que vienes a mi estudio y por accidente derribas mi lámpara favorita. Ambos miramos al suelo y vemos todas las piezas rotas por todas partes. Ni siquiera se nota que era una lámpara.

Me miras con remordimiento y dices: «¡Lo lamento mucho! Me siento muy mal por esto. ¿Cuánto costó? Te voy a comprar una nueva».

Mientras buscas tu billetera, te tomo por la mano y te digo: «Oye, no te preocupes por eso. No quiero que pagues por esa lámpara. Es más, no permitiré que la pagues».

¿Qué hice? Te liberé por la ofensa que cometiste. Aun así, todavía necesito la luz en mi estudio, por lo que alguien tiene que pagar por una lámpara nueva. Y como te liberé, ese alguien voy a ser yo.

¿Tendría derecho a permitirte pagar por esa lámpara? Claro que sí. Pero en vez de eso, te ofrecí misericordia; en efecto, por la deuda que contrajiste al romper mi lámpara, declaré: «Pagada en su totalidad».

Todas estas dinámicas deben tener lugar si queremos perdonar por completo a una persona.

EL AULA DEL PERDÓN

En la cruz

¿Dónde aprendemos a perdonar de esta manera? ¿A qué escuela asistimos? Nuestra aula para aprender un comportamiento tan liberador es la cruz de Jesucristo.

Mientras nuestro Salvador colgaba suspendido entre la tierra y el cielo, su sacrificio voluntario le hizo una declaración al mundo: Tomaré el castigo que mereces mientras muero por tus pecados. No obstante, Jesús fue más allá de tomar el castigo y pagó todo el precio exigido por nuestras acciones pecaminosas. Él tomó el castigo por la condición del pecado en general y cubrió el costo de todas las cosas que hemos destrozado por cada una de nuestras acciones pecaminosas.

Si queremos perdonar, debemos aprender del ejemplo de Cristo. Primero, debemos elegir perdonar, cerrar los libros sobre los errores que nos han hecho; este es el papel de nuestra voluntad. Segundo, debemos llevar cautivos a Cristo todos esos pensamientos que intentan roer nuestra decisión de perdonar; este es el trabajo de nuestras emociones. Tercero, debemos confiar en que Dios corregirá los errores y equilibrará los libros; esta es la tarea de nuestra mente.

El perdón: Un acto y un proceso

Piensa en el proceso del perdón como si hicieras una compra con una tarjeta de crédito. Imagina que vas a un mostrador de joyería, eliges un hermoso brazalete de diamantes y pones el plástico. Firmas el recibo y el brazalete es tuyo. Esto ilustra el acto voluntario de perdón.

Luego, vienen los pagos mensuales. Debido a que compraste un brazalete caro, tienes que pagar un mes tras otro durante un largo período. Así que tú eres tanto la persona que compró la joya como la persona que continúa pagando.

Del mismo modo, el perdón es tanto un acto como un proceso. Eliges en un momento específico en el tiempo, y el acuerdo queda sellado y hecho. Sin embargo, eliges a lo largo del tiempo continuar extendiendo el perdón. Tú haces los pagos requeridos por tu decisión inicial de perdonar.

¿POR QUÉ PERDONAR?

¿Por qué debemos perdonar? Se me ocurren al menos cuatro buenas razones.

1. Dios nos ordena perdonar.
La Biblia nos dice: «Sean bondadosos y compasivos unos con otros, y perdónense mutuamente, así como Dios los perdonó a ustedes en Cristo» (Efesios 4:32, NVI®). Considero que este versículo es tan importante que se los leo a todas las parejas que se paran frente a mí en el altar. La verdad expresada en este versículo contiene el secreto de cada matrimonio y relación exitosa.

2. El perdón es parte del carácter de Dios.
La Escritura dice que debemos perdonarnos unos a otros así como el Señor nos perdonó (Colosenses 3:13). La naturaleza misma de Dios es perdonar, y Él lo hace de manera incondicional, incluso cuando no lo merecemos.

Considera de nuevo la ilustración de la tarjeta de crédito. En la cruz, Dios nos otorgó el crédito en un inicio. Cada vez que pecamos en su contra y nos arrepentimos, Él hace un pago a plazos a nuestra cuenta. Dios nos perdona 490 veces... ¡y mucho más!

3. El perdón es bueno para nosotros.
La falta de perdón es como agregar fertilizante a la raíz de la amargura que brota y contamina todo lo que toca (Hebreos 12:15), comenzando con el individuo que alberga el resentimiento. La falta de perdón puede destruirnos, literalmente.

Conocí a un hombre que murió de varias dolencias físicas en lo que la mayoría de nosotros consideraría la mediana edad. No sé qué escribió el médico como la causa de la muerte, pero debería haber sido amargura. Creo que este hombre murió de forma prematura debido a que se negó a superar muchas cosas. Se volvió intolerante, negativo y cínico. Su «raíz de amargura» se extendió por toda su alma;

la falta de perdón se convirtió en el factor controlador de su vida. ¿El perdón habría sanado su mente y cuerpo? No tengo ninguna duda.

Lo irónico es que los mismos individuos que nos han perjudicado continúan controlándonos cuando nos negamos a perdonarlos. Quizá conozcas el sentimiento: No puedes olvidar al individuo ni el dolor que te infligió. Cuando te sientas para disfrutar de una deliciosa comida, esa persona se sienta al otro lado de la mesa, como un fantasma. Te encuentras conduciendo por la carretera, manteniendo conversaciones imaginarias con ese individuo, diciéndole lo que te gustaría poder hacerle. Lo que es peor, le dices lo que esperas que Dios le haga o dónde esperas que lo envíe Dios. Su control sobre ti solo terminará cuando, por el poder de Cristo, perdones a esa persona por los errores específicos que cometió en tu contra.

4. Perdonamos para que nosotros también seamos perdonados.

Todos lo hemos escuchado y repetido en numerosas ocasiones, esa parte del Padrenuestro donde Jesús nos enseña a orar: «Perdónanos nuestras deudas, como también nosotros hemos perdonado a nuestros deudores» (Mateo 6:12). Este solo renglón del Padrenuestro dice con claridad lo que la Biblia enseña una y otra vez acerca del perdón: Si no perdonamos a los demás, Dios no nos perdonará a nosotros. Si te niegas a perdonar a tu cónyuge, este hecho bíblico debería hacerte sentir escalofríos.

Te encierras en una prisión emocional y espiritual profunda y oscura cuando te niegas a ofrecer el perdón. Para salir de ese lugar espantoso y sofocante, debes perdonar con tu corazón, el núcleo de tu ser. Eso significa que cuando entierras el hacha de guerra, quemas el mapa que muestra dónde está enterrada.

EL PERDÓN DE DIOS: CUENTA CON ESO

El perdón de Dios parece demasiado bueno para ser verdad. Cada vez que hablo sobre el perdón, alguien casi siempre me pregunta: «¿Estás seguro de que Dios me perdonó cuando oré?». O la persona puede que diga: «¿Sabes? No me siento perdonado. Tal vez no lo recibiera».

Siempre animo a estas personas con problemas al recordarles que Dios es fiel; Él cumple sus promesas. Después les hablo acerca de las diversas promesas de perdón que nos ha dado Dios.

La primera es su promesa de «oriente-occidente». Dios quita los pecados de nosotros «como está de lejos el oriente del occidente» (Salmo 103:12). Piensa en esto por un momento. Esa es una distancia infinita, un lugar que no se encuentra en ningún mapa.

Luego está la promesa de amnesia del Señor. Si bien es difícil para nosotros olvidar, Dios perdona tan a fondo, que ni siquiera recuerda nuestro pecado una vez que nos arrepentimos y buscamos su misericordia. «Les perdonaré su iniquidad, y nunca más me acordaré de sus pecados», declara Él (Jeremías 31:34, NVI®).

A veces nos resulta difícil liberar a los demás porque seguimos sacando a relucir nuestra propia culpa. Damos por sentado que Dios, que es santo, guarda el registro de nuestros pecados ante Él en todo momento. Sin embargo, ese no es el caso. Cuando tú y yo le pedimos a Dios que nos perdone por algún acto o actitud pecaminosa que le hayamos confesado antes, es muy fácil que Él nos preguntara: «¿De qué pecado hablas?». Lo olvidó.

Dios también ha dado lo que me gusta llamar la «promesa de quitamanchas». Por medio de Isaías, el Señor dice: «Aunque sus pecados sean como la grana, como la nieve serán emblanquecidos» (1:18, RVA-2015).

Imagínate que derramas jugo de uva sobre una camisa blanca y nueva. Solo el limpiador más eficaz puede eliminar esa mancha, y aun así, un indicio de púrpura puede persistir en la camisa. En cambio, cuando Dios nos perdona, no queda ni el más mínimo rastro de la fea mancha del pecado.

Por último, considera la «promesa del mar profundo» de Dios, registrada por el profeta Miqueas. Dios arroja «a las profundidades del mar todos nuestros pecados» cuando nos arrepentimos y recibimos su perdón (Miqueas 7:19). Como mi preciosa amiga Corrie ten

Boom siempre añadía, ¡no solo arroja nuestro pecado al mar, sino que pone un cartel de «No pescar»!

Casi todos nosotros tenemos dificultades para perdonar a nuestras parejas hasta que nos encontramos cara a cara con nuestra propia necesidad del maravilloso perdón de Dios. Una vez que confrontamos la inmensidad de la pena que le hemos traído al Padre, comenzamos a entender que la peor ofensa en un matrimonio es menor en comparación.

¿QUE ME DICES DE TI?

El mundo tararea, canta y hasta canta el gran himno «Maravillosa gracia». Sin embargo, ¿con qué frecuencia entiendes la rica historia de la canción?

La marina británica obligó al compositor del himno, John Newton, a servir en un barco en 1744. Escapó, lo capturaron y azotaron en público. A petición suya, la armada lo asignó a un barco de esclavos. Al final, Newton se convirtió en dueño de su propio barco que, de nuevo, era un barco de esclavos.

El 10 de mayo de 1748, su frágil embarcación atravesó una gran tormenta. Newton estaba seguro de que el barco se hundiría y clamó a Dios por misericordia. Cuando la lluvia y el viento disminuyeron, Newton regresó a su camarote y consideró la ironía de pedir misericordia cuando tenía la bodega llena de seres humanos encadenados, robados de su patria y destinados, a través de su barco, al mercado de esclavos.

> John Newton consideró la ironía de pedir la misericordia de Dios cuando tenía la bodega de un barco llena de seres humanos encadenados.

Abrumado por su propia indignidad, Newton se dio cuenta de que Dios le había concedido una gracia, un favor no ganado e inmerecido que solo podía describirse como maravilloso.

¿Qué me dices de ti? ¿Cuál es tu maravillosa historia de gracia? Cuando nos demos cuenta del maravilloso alcance del perdón de Dios, encontraremos la fuerza para perdonar a nuestra pareja 490 veces... y más.

REFLEXIONES SOBRE TU RELACIÓN

1. ¿En qué aspectos específicos del matrimonio tienes más problemas para obedecer el mandato de Jesús de perdonar «setenta veces siete»?
2. Enumera algunas de las zorras pequeñas que necesitas perdonar.
3. ¿Qué suele bloquear tu disposición a perdonar?
4. ¿Por qué Dios, que es perfecto en santidad, te permitiría entrar a su cielo, aunque lo hayas agraviado con tu pecado?

UN COMENTARIO PERSONAL

Mantendrás el romance en tu hogar

Tu amor madurará, pero la chispa debería seguir sin parar. Este mandamiento es el secreto para el romance en el hogar.

Octavo
MANDAMIENTO

MANTENDRÁS EL ROMANCE EN TU HOGAR

«Uno de mis principales objetivos en la vida es tener un matrimonio feliz».

Esa es la respuesta que el estadounidense promedio da una y otra vez a los encuestadores que le preguntan qué quiere de la vida. Aunque nunca nos «encuestaron», de seguro que Jo Beth y yo teníamos eso como nuestro principal objetivo cuando nos casamos hace más de cinco décadas. Nunca olvidaré ese día. Su tío, ahora fallecido, realizó nuestra ceremonia de boda. Con la mirada fija en nosotros, citó estas palabras del poeta Robert Browning:

¡Envejece junto a mí!
Todavía nos aguarda lo mejor,
el final de la vida, el origen del principio:
Nuestros tiempos están en su mano,
quien dice: «Todo lo he planeado;
la juventud solo es la mitad;
confíen en Dios:
véanlo todo, no teman»[1].

Creo que todos los hombres y mujeres que están parados en el altar quieren creer: «Todavía nos aguarda lo mejor». Sin embargo, para que esas palabras se hagan realidad, debemos poder decirle con sinceridad a nuestra pareja: «Envejece junto a mí». Y la mejor manera de asegurarse de que eso suceda es con el romance en el hogar.

Contrario a lo que muchos piensan, los mejores deseos y la buena suerte no tienen nada que ver con la salud y la felicidad de un matrimonio. Un buen matrimonio resulta al trabajar duro y al poner los principios eternos de la Palabra de Dios en el centro de la relación. La felicidad conyugal es de veras una cuestión de elección. Viene cuando hacemos las cosas que mantienen nuestro amor creciendo y madurando, incluso durante los tiempos difíciles que vendrán con seguridad.

Esta idea forma la base de mi octavo mandamiento del matrimonio: Mantendrás el romance en tu hogar.

El matrimonio rara vez es una propuesta fácil. En algún momento, cada matrimonio ve el final de la felicidad de la luna de miel. Aun así, el final de la luna de miel no tiene por qué significar el fin de la felicidad o de la pasión. Cada pareja casada puede mantener el fuego del amor encendido mucho después que la luna de miel se haya convertido en nada más que un dulce recuerdo. ¿Cómo podemos lograrlo? Ese es el tema de este capítulo. Primero, conozcamos a una pareja que nos recuerda la necesidad de trabajar en nuestro matrimonio.

UN MATRIMONIO CREADO EN EL CIELO

En una época en que los hombres y las mujeres se casaban a edades muy tempranas, Isaac ya tenía cuarenta años antes de conocer siquiera a Rebeca. ¿Por qué le tomó tanto tiempo a Isaac encontrar la persona adecuada? Porque había decidido obedecer a Dios, a cualquier precio.

Isaac vivía en una zona pagana donde, como decimos en Texas, había pocas ganancias. Es cierto que todo tipo de mujeres vivía por todas partes, pero Isaac sabía que no debía casarse fuera de su fe. Quería una mujer que compartiera su confianza en el único Dios verdadero, y se negó a conformarse con nada menos. Si no podía encontrar a una mujer así de inmediato, se quedaría soltero. Y así fueron las cosas durante muchos años.

Después de la muerte de la madre de Isaac, Sara, Abraham se encargó de cambiar el estado civil de su hijo. De acuerdo con la costumbre de esa época, Abraham encargó a uno de sus criados de confianza que le buscara una esposa a Isaac: «Te haré jurar por el Señor, Dios de los cielos y Dios de la tierra, que no tomarás mujer para mi hijo de las hijas de los cananeos, entre los cuales yo habito; sino que irás a mi tierra y a mis parientes, y tomarás mujer para mi hijo Isaac» (Génesis 24:3-4).

Así que el siervo fiel se puso en camino a fin de encontrar una novia para Isaac. El siervo obedeció las órdenes de su amo al pie de la letra, haciendo todo lo posible para asegurarse de encontrar a la mujer adecuada. Por fin, se encontró con una encantadora y hermosa pastora, y después de conocerla, no tuvo dudas de que Dios la había elegido para que fuera la esposa del hijo de su amo.

Isaac esperó muchos meses, tal vez hasta uno o dos años, para que el siervo regresara con su novia. Con las siguientes palabras, las Escrituras describen uno de los momentos más románticos de la historia bíblica:

> Por la tarde Isaac salió a meditar al campo; y alzó los ojos y miró, y he aquí, venían unos camellos. Rebeca alzó los ojos, y cuando vio a Isaac, bajó del camello, y dijo al siervo: ¿Quién es ese hombre que camina por el campo a nuestro encuentro? Y el siervo dijo: Es mi señor. Y ella tomó el velo y se cubrió. Y el siervo contó a Isaac todo lo que había hecho. Entonces Isaac la trajo a la tienda de su madre Sara, y tomó a Rebeca y ella fue su mujer, y la amó. (vv. 63-67)

¿Una historia romántica? ¡Puedes apostarlo! Sin embargo, también es la historia de un hombre piadoso que espera que el Señor resuelva los detalles de su matrimonio. Isaac tenía la fe necesaria para creer que Dios traería a la persona adecuada al lugar apropiado en su debido momento. Él y su familia habían orado por su necesidad y se negaron a comprometerse. El resultado habla por sí mismo: «Y la amó».

Cuando consideramos cómo comenzó este matrimonio, parece imposible que la relación pueda ser otra cosa que perfecta. Sin embargo, pronto surgieron problemas que se multiplicaron después. Al final de Génesis 27, la duplicidad, la competencia, el antagonismo, la tensión y la ira llegaron a la familia de Isaac.

Este relato bíblico de una unión creada en el cielo ilustra lo que toda pareja casada necesita recordar. Incluso los matrimonios con los mejores comienzos tendrán su cuota de problemas. Con el tiempo, un fuego de amor ardiente y brillante puede desvanecerse y arder con lentitud; si nos descuidamos, puede apagarse por completo. A menos que un esposo y una esposa se esfuercen por mantener vivo el fuego, pueden despertarse una mañana para descubrir que la brisa cálida la sustituye una brisa ártica que aúlla a través de su dormitorio.

EL FUEGO DEL MATRIMONIO

¿Cómo puede una pareja evitar que su matrimonio se congele? ¿Cómo pueden mantener ardiendo los fuegos del amor y la pasión?

Ahora bien, ¿cómo mantienes el fuego encendido? Trabajas en eso. Lo alimentas, lo cuidas y lo alientas. Si lo descuidas, pronto se apagará solo.

Lo mismo es cierto con el matrimonio. Requiere trabajo. De modo que si perseveras y aplicas con fidelidad los principios de Dios a tu matrimonio, puedes disfrutar de una relación creciente y excitante.

El éxito en la creación de fuegos, ya sea en el matrimonio o en el campamento, también depende de comprender cómo arden los fuegos con el tiempo y lo que requieren en cada etapa. Con eso en mente, démosle un breve vistazo a tres etapas clave del fuego en el matrimonio.

1. La etapa de luna de miel
Casi todas las parejas casadas han pasado por la etapa de la luna de miel. Durante esta etapa, tu pareja no puede hacer nada mal y,

en realidad, no se cansan el uno del otro. La etapa de luna de miel abunda en luz de luna y rosas, violines y luz de velas. El fuego arde brillante y con fuerza, y tú te deleitas con su cálido resplandor. Es un momento maravilloso.

Como vimos, Cantares ofrece las imágenes más románticas y eróticas de toda la Escritura. Describe a la perfección lo que sucede entre un esposo y una esposa durante la etapa de la luna de miel, cuando cada uno se enfoca y se deleita en la otra persona. Considera la pasión que disfrutaron Salomón y su esposa:

[Él:] «Como el lirio entre los espinos, así es mi amada entre las doncellas».

[Ella:] «Como el manzano entre los árboles del bosque, así es mi amado entre los jóvenes. A su sombra placentera me he sentado, y su fruto es dulce a mi paladar. Él me ha traído a la sala del banquete, y su estandarte sobre mí es el amor. Sustentadme con tortas de pasas, reanimadme con manzanas, porque estoy enferma de amor» […]

[Él:] «Paloma mía, en las grietas de la peña, en lo secreto de la senda escarpada, déjame ver tu semblante, déjame oír tu voz; porque tu voz es dulce, y preciosa tu semblante» {…}

[Ella:] «Mi amado es mío, y yo soy suya; él apacienta su rebaño entre los lirios. Hasta que sople la brisa del día y huyan las sombras, vuelve, amado mío, y sé semejante a una gacela o a un cervatillo sobre los montes de Beter». (2:2-5, 14, 16-17)

La canción de amor de Salomón muestra a dos personas que pasan juntas todo el tiempo disfrutando la una de la otra, y que cuando se separan, anhelan siempre juntarse de nuevo. Su pasión arde al rojo vivo, consumiendo a la joven pareja sin quemarlos. No quieren nada más que el uno al otro. Se sienten atrapados por completo el uno al otro en todos los niveles: físico, emocional y espiritual.

El idealismo colorea la pasión de la etapa de la luna de miel. Ambos miembros de la pareja creen que el otro es perfecto en todos los sentidos: «Toda tú eres hermosa, amada mía, y no hay defecto en ti» (4:7). No existe una criatura más perfecta que el objeto del amor en la etapa de la luna de miel. Él es todo lo que un hombre podría ser y ella encarna a plenitud la perfección femenina. Ambas partes parecen cegadas a cualquier defecto o imperfección en la otra. Solo quieren tomarse de las manos, mirarse a los ojos y hacer el amor, día y noche.

Un escritor describió a un amigo que vivía en la etapa de la luna de miel:

> Ella afirma con sinceridad que el cielo es más azul; ha notado la delicada fragancia de las lilas al lado de su garaje, aunque antes les pasaba por delante sin detenerse; y Mozart la conmueve hasta las lágrimas. En resumen, la vida nunca ha sido tan excitante. «¡Soy joven otra vez!», grita ella de manera exuberante. Tengo que admitir que el chico debe estar mejor que uno que cuida su línea. Ella ha perdido siete kilos y parece una chica de portada. Se ha interesado de nuevo por la forma de sus muslos[2].

Sin embargo, esta etapa no dura para siempre (por más difícil que sea de creer para quienes están entre sus garras). La segunda etapa del amor conyugal ocurre más o menos al mismo tiempo en que se establece la realidad.

2. La etapa del final de la fiesta

En la etapa de la fiesta, una pareja se conoce de veras. La realidad se establece y ambos en la pareja comienzan a ver la verdadera humanidad del otro, con todos sus defectos e imperfecciones.

Muchas parejas se sienten traumatizadas en los albores de esta etapa. Incluso, puede que surja un poco de remordimiento del interesado: Ella comienza a preguntarse si él de veras es el hombre con el que pensó que se casó, mientras que él se pregunta qué sucedió con la dulce y encantadora joven de la que no se cansaba durante sus primeros años de matrimonio. La consejera Kay Kuzma escribe que «para la mayoría de nosotros, el día de nuestra boda fue uno de los mejores momentos de la vida. Sin embargo, la luna de miel termina pronto, y nuestros sueños en el noviazgo del romance y de la luz de las velas se deshacen con demasiada frecuencia en la realidad de los platos y pañales sucios»[3].

Si has estado casado por algún tiempo, sabes de qué hablo. Incluso Salomón, el joven escritor de sangre caliente de Cantares, llegó a esta etapa. El mismo hombre que escribió sobre la perfección de su joven esposa más tarde escribió: «Gotera continua en día de lluvia y mujer rencillosa, hijo similar; el que trata de contenerla refrena al viento, y recoge aceite con su mano derecha» (Proverbios 27:15-16). Y en lo que debió ser un día más sombrío aún, escribió las palabras sarcásticas: «Encontré algo más amargo que la muerte: a la mujer que es una trampa, que por corazón tiene una red y por brazos tiene cadenas. Quien agrada a Dios se librará de ella, pero el pecador caerá en sus redes» (Eclesiastés 7:26, NVI®).

Es difícil encontrar una imagen mental agradable en cualquier parte de esas duras declaraciones. Imagínate tratando de dormir mientras escuchas el constante ploc, ploc, ploc de la fuerte lluvia en el techo. O piensa en tratar de hacer tus cosas con los pies en una trampa, el corazón atado con nudos y las muñecas esposadas. Esa es la imagen que Salomón pinta de un esposo que se da cuenta de que terminó la fiesta.

Por supuesto, no toda la infelicidad conyugal se puede poner a los pies de esposas fastidiosas o despectivas. Lejos de eso.

«Bob actuaba de manera muy diferente ahora que durante su noviazgo y los primeros meses de matrimonio», escribió un psicólogo cristiano. Antes,

> Bob era espontáneo y atento. A Geri, su esposa, le encantaban los momentos de expresar profundamente sus esperanzas, sueños, miedos y sentimientos. Entonces, después de un año de matrimonio, las cosas empezaron a cambiar.

Bob se interesaba cada vez más en su nuevo trabajo y era cada vez menos atento con Geri. Sus largas conversaciones se convirtieron en «rapiditos» de cinco minutos, más un intercambio de información que un diálogo profundo. Cuando Geri lo confrontó con esto, le dijo que estaba siendo demasiado sensible. La amaba tanto como antes; solo que trataba de mostrarle a su jefe que podía contar con él y que estaba físicamente cansado[4].

En esta etapa del matrimonio, una pareja debe tomar una decisión. Al menos tres opciones están abiertas para los esposos y esposas que se dan cuenta de que terminó la fiesta.

En primer lugar, pueden adoptar una actitud de resignación sombría, decididos a resistir con la esperanza de que suceda algo. Viven bajo el mismo techo en la desdicha, esforzándose por mantener las apariencias de una unión feliz. Se sienten aburridos el uno con el otro, enojados el uno con el otro, hostiles el uno con el otro o indiferentes el uno con el otro, pero debido a los hijos, o porque no creen en el divorcio, permanecen juntos.

En segundo lugar, pueden optar por el divorcio. Demasiadas parejas que llegan al «final de la etapa» de la fiesta se desilusionan y deciden echarse atrás.

Sin embargo, hay buenas noticias. Ninguna pareja tiene que elegir entre vivir juntos en la desdicha o terminar su matrimonio. Existe una tercera opción. Una pareja que elige esta opción no solo decide permanecer juntos, sino hacer lo que sea necesario para que su matrimonio sea de veras feliz y saludable.

3. La etapa de todavía nos aguarda lo mejor.

Las parejas que deciden atravesar la etapa de la fiesta pasan a la etapa más excitante y gratificante de todas, la de todavía nos aguarda lo mejor.

Esta etapa se opone al viejo dicho de que «el amor es ciego». Este amor, amor maduro, es cualquier cosa menos ciego. Ve todo en su ser amado, cada uno de los defectos, imperfecciones y peculiaridades, pero no puede evitar llenar al cónyuge con palabras y actos de afecto y amor. Nada puede matar este amor. Esta clase de amor puede soportar cualquier cosa, incluso los cambios radicales que a veces experimentan los cónyuges después de años de matrimonio.

En el año en que celebró su cincuenta aniversario de bodas, el fallecido erudito bíblico Kenneth S. Kantzer escribió una columna en la revista *Christianity Today*, titulada, «The Freedom of Jealousy» [La libertad de los celos]. Hay una gran sabiduría en sus palabras:

> Mi esposa tiene setenta y cinco años. A veces, su rostro está marcado con las «arrugas de la vejez» (o así las llama ella) y, fiel a su feminidad, las detesta.
>
> Por otro lado, creo que las líneas son hermosas, y me encantan todas. Le digo que pueden venir con el avance de los años, pero son líneas de carácter, no arrugas de la vejez. Y le recuerdo una pegatina para el parachoques que un amigo mío dijo haber visto: «Si tienes cincuenta años y no tienes arrugas, no sonríes lo suficiente».
>
> Este es nuestro cincuenta aniversario de bodas y, sí, todavía estamos enamorados. Nuestro amor es más intelectual, más comprensivo, que hace cincuenta años. También es más profundo y más fuerte, aunque no menos ardiente. En realidad, es un amor celoso, y así debe ser. Después de todo, Dios es celoso (Éxodo 20:5 y Deuteronomio 5:9). Quiere que lo amemos solo a Él como nuestro Dios. Sin embargo, eso no ahoga nuestro amor por los demás. ¡Todo lo contrario! Nos libera para amar a los demás.
>
> Así es con nuestro amor como esposo y esposa. Lo da todo y lo exige todo, pero no afecta el amor que cada uno de nosotros tiene por Dios. Tampoco disminuye nuestro amor por nuestro hijo y nuestra hija, sus cónyuges, nuestros nietos, amigos, etc. Cuanto más amas, más puedes amar [...]
>
> Cincuenta años es mucho tiempo para que dos personas vivan juntas. Aun así, para nosotros, cada año es mejor que el anterior. Y estamos agradecidos con Dios[5].

Cualquiera puede disfrutar de la etapa de todavía nos aguarda lo mejor, siempre y cuando él o ella aplique algunos principios bíblicos básicos a su matrimonio. Y lo mejor de todo es que el amor maduro de esta etapa ofrece una emoción más genuina y un romance verdadero por centímetro cuadrado que la etapa de la luna de miel. Cualquier esposo o esposa puede mirar felizmente a un cónyuge de cinco, diez, quince o más años, incluso medio siglo, y decir con sinceridad: «¡Estoy muy feliz de que lleguemos a envejecer juntos!».

EL ASPECTO DEL AMOR MADURO

Desearía poder decirte que mis muchos años maravillosos de matrimonio con Jo Beth me han dado la capacidad para demostrar cómo es de veras el amor maduro. Sin embargo, podría vivir otros mil años más y, aun así, nunca superar la Palabra de Dios cuando se trata de dar una imagen del amor maduro.

Lee la definición de Dios acerca del amor maduro que se encuentra en el famoso Capítulo del Amor, 1 Corintios 13:

> El amor es paciente, es bondadoso; el amor no tiene envidia; el amor no es jactancioso, no es arrogante; no se porta indecorosamente; no busca lo suyo, no se irrita, no toma en cuenta el mal recibido; no se regocija de la injusticia, sino que se alegra con la verdad; todo lo sufre, todo lo cree, todo lo espera, todo lo soporta. El amor nunca deja de ser. (vv. 4-8)

Me encanta la sencillez de este pasaje. De muchas maneras, nos da una explicación detallada de las palabras de nuestro Señor: «Traten a los demás tal y como quieren que ellos los traten a ustedes» (Lucas 6:31, NVI®).

¿Cómo calificarías el amor que sientes por tu cónyuge? ¿Estás atrapado en una de las dos primeras etapas del amor conyugal o está madurando tu amor? Te animo a que hagas lo mismo que me gusta hacer de vez en cuando: usar 1 Corintios 13 como una lista de verificación personal.

El amor maduro es...
- Paciente. Soporto las imperfecciones de mi pareja.
- Bondadoso. Realizo actos de bondad para la otra persona.
- Se alegra con la verdad. Mi amor crece sobre una base de sinceridad e integridad.
- Confiado. Creo lo mejor de mi cónyuge.
- Esperanzado. Espero lo mejor de mi pareja y para mi pareja.
- Perdurable. Mi amor perdura incluso en los momentos más difíciles.

El amor maduro no es...
- Envidioso. En su lugar, descansa seguro.
- Jactancioso. En su lugar, se abstiene de alabarse a sí mismo.
- Arrogante. En su lugar, se humilla.
- Egoísta. En su lugar, pone primero las necesidades y deseos del cónyuge.
- Irritable. En su lugar, se abstiene de estallidos violentos.
- Vengativo. En su lugar, el amor maduro perdona, incluso cuando le tratan mal.

Pero sobre todo...
- ¡El amor nunca deja de ser! Siempre estoy dispuesto para apoyar a mi cónyuge.

EL TRABAJO EN FAVOR DEL AMOR MADURO

El amor maduro puede resistir cada prueba que se le presente. Dura a lo largo de los años, pero solo si se elige realizar el trabajo necesario para hacerlo crecer. Considera algunos principios básicos que pueden ayudar a que tu amor crezca hasta convertirse en el amor maduro que deseas. Ponlos en práctica y todavía te aguardará lo mejor.

1. Bendice con tus palabras.
El primer principio básico es hablar en voz alta. Exprésale palabras de bendición a tu pareja y hazlo de manera constante.

Con demasiada frecuencia, las palabras fluyen de nuestras bocas sin pensarlas mucho. Antes de darnos cuenta, podemos decir cosas que lastiman a nuestro esposo o esposa. Tal vez no te parezcas a mí, pero encuentro que los comentarios hirientes se dicen con bastante naturalidad, mientras que los positivos requieren más reflexión. La Biblia nos dice que la lengua es el músculo más difícil de controlar en nuestro cuerpo. «Con ella bendecimos a nuestro Señor y Padre, y con ella maldecimos a los hombres, que han sido hechos a la imagen de Dios; de la misma boca proceden bendición y maldición» (Santiago 3:9-10).

Algunas parejas tienen la mala costumbre de menospreciarse entre sí en presencia de otros. Se ofenden el uno al otro, animados por la risa, disparando frases sobre lo que dijo su pareja, cómo es su apariencia y se ve, cuánto come o gasta el dinero. Esto puede convertirse en el equivalente a proferirse maldiciones mutuamente. Es posible que la pareja se ría y parezca ser buena perdedora al principio... pero después de un tiempo, ese comportamiento aburre. Si alguien me critica a cada momento, empiezo a preguntarme si no es así que se siente hacia mí en realidad.

La mejor manera de enterrar un matrimonio es que el esposo y la esposa sigan molestándose el uno al otro. En lugar de eso, necesitamos que nuestras palabras bendigan a nuestro cónyuge. Incluso, si no practicas el humor humillante, sé proactivo y practica comentarios afirmativos y cumplidos que animen a tu cónyuge. Necesitamos otorgarnos la bendición de Dios.

La palabra bendición proviene de una combinación de tres términos: deseo, bueno y palabra. Entonces, para bendecir a nuestro esposo o esposa, le expresamos una palabra de deseo y una palabra buena. Esto produce sanidad y mitiga las cicatrices provocadas por el conflicto. Cuando la bendición marca el patrón de comunicación entre un esposo y una esposa, el matrimonio avanza hacia la etapa del amor maduro.

El psicólogo Nathaniel Branden ha estudiado los hábitos de las parejas que han estado felizmente casadas durante muchos años. Destaca nueve formas en que los esposos y esposas pueden mantener vivo su amor. ¿A qué no adivinas lo que enumera primero?

«Mis propios estudios», escribe, «así como los de otros consejeros matrimoniales, revelan que las parejas felices dicen [...] con regularidad: "Te amo". Las parejas felices expresan su amor con palabras. No comentan: "¿Qué quieres decir con eso de que te amo? Me casé contigo, ¿cierto?". Una mujer señaló: "Decirlo con palabras es como una caricia"»[6].

Si queremos matrimonios que no solo perduren con el tiempo, sino que también mejoren año tras año, debemos aprender a mostrar con eficacia nuestro aprecio por nuestros cónyuges. Prepárate para pronunciar palabras de bendición y aprobación. Asegúrate de que tus palabras hacia tu pareja y con respecto a ella, ya sea en privado o en compañía de otros, afirmen, elogien, edifiquen y sanen. Díganse palabras positivas el uno al otro... y observen cómo las llamas entre ustedes son más fuertes con cada bendición que arrojan al fuego.

2. Sincérate y confiesa.

Esa vieja declaración de «Amar significa no tener nunca que pedir perdón» me vuelve loco.

Nada más lejos de la verdad. Amar significa tener que pedir perdón... mucho. El amor maduro lleva al esposo a pedirle perdón a su esposa cada vez que se da cuenta de que la ha lastimado de alguna manera. El amor maduro obliga a una esposa a decir: «Perdóname», y hacer las paces cuando ve que hirió a su esposo.

El apóstol Santiago lo expresó de esta manera: «Confiésense unos a otros sus pecados, y oren unos por otros de manera que sean sanados» (Santiago 5:16, RVA-2015). A menudo interpretamos este versículo con respecto a un cuerpo humano enfermo. Sin embargo, el principio también puede aplicarse a un matrimonio enfermo. Si quieres un matrimonio que arda más brillante a través de los años, sean sinceros y confiésense sus pecados el uno al otro.

Para que un matrimonio avance hacia la etapa en la que todavía les aguarda lo mejor del amor maduro, un hombre y una mujer deben admitir sus acciones erróneas. Muy a menudo emplean su pasión tratando de ganar sus batallas matrimoniales. No obstante, tener siempre la razón es una señal de inmadurez; la madurez es la capacidad de reconocer un error, buscar el perdón y seguir adelante.

La confesión que sana las heridas se centra de manera más específica en las ofensas cometidas. Puede parecer algo como esto:

- «Lamento que antes no te prestara atención cuando trataste de hablarme de tu madre».
- «Por favor, perdóname por responder con esas palabras sarcásticas».
- «Discúlpame por no consultarte antes de comprar la silla».

Cuando nos humillamos y confesamos nuestros pecados específicos, tanto a Dios como a nuestro cónyuge, suceden toda clase de grandes cosas. Se abren las líneas de comunicación. Se produce la sanidad, incluso de las heridas enconadas durante mucho tiempo. Lo mejor de todo es que cuando nos confesamos las faltas el uno al otro, nos acercamos a Dios, quien luego derrama su perdón y sus bendiciones sobre nuestro matrimonio.

3. Haz el cambio en ti, no en tu pareja.

Muchas parejas llegan primero hasta el altar para luego comenzar a alterar. Algo sobre la naturaleza humana nos hace querer corregir, mejorar, cambiar, reparar y revisar a las personas que nos rodean. Sin embargo, en el matrimonio, este impulso de revisión puede causar problemas importantes.

Se necesitaron diez años de matrimonio para convencer a Elizabeth Cody Newenhuyse de que no podía cambiar a su hombre por la visión que figuraba en su mente. «Admítelo», escribe. «Todos hemos tratado de cambiar a nuestros esposos. En cambio, después de diez años, por fin me di cuenta de que [...] Fritz fue a Harvard, pero jamás aprendió que los líquidos que se derraman se solidifican si no se limpian de inmediato. He intentado educarlo. He gritado, rogado y hasta he sacado el estropajo y restregado. Ningún cambio. He decidido que es una diferencia hormonal básica: Los hombres no limpian la cocina, porque literalmente no ven el derrame. Entonces, en lugar de regañar, limpio en silencio»[7].

Los grandes problemas surgen cuando creemos que nuestro trabajo es cambiar a la persona con la que nos casamos. Tal vez la esposa crea que puede cambiar a su esposo y convertirlo en una persona más ordenada y pulcra, o el esposo cree que puede cambiar a su esposa en una amante más apasionada. El resultado suele ser frustración, o algo peor.

No sé quién nos dijo que nuestro trabajo es cambiar a las personas que nos rodean, pero tenemos que renunciar a esa idea, en especial en nuestros matrimonios. Debemos dejar de tratar de avergonzar y manipular a nuestras parejas a fin de que sean lo que queremos que sean. Además, tenemos que dejar de pedirle a Dios que cambie a nuestras parejas de acuerdo a nuestra propia visión de la perfección.

Mi responsabilidad es la de cambiar a una sola persona, y esa es Ed Young. (¡Y en realidad el Cambiador hace eso!). Mi tarea y la tuya es la de cambiar a nadie más que a nosotros mismos. Ni siquiera mi tarea es la de cambiar a Jo Beth o a nuestros tres hijos y sus familias. Acepta a tu cónyuge de manera incondicional y permite que Dios trabaje en los cambios necesarios.

Hace años escuché la historia del matrimonio de Dorothy Payne con un hombre a quien apodó Jimmy; él la llamó Dolley. A Dolley, casi veinte años menor que Jimmy, le encantaba vestirse con colores llamativos. En las ocasiones sociales, Dolley siempre era el centro de atención; todos la conocían como el alma de la fiesta. Jimmy, por otro lado, se lo tomaba todo muy en serio. Su enfoque reflexivo y erudito lo convirtió en un clásico introvertido. En lugar de vestirse con colores brillantes y elegantes, se vestía como un funerario que iba a su propio funeral.

> «Espero que mi esposo siempre tenga la razón, pero la tenga o no, él es mi esposo».
> Dolley Madison

Sin embargo, en su matrimonio, ni Dolley ni Jimmy intentaron cambiar al otro. Él añadió gravedad a la personalidad efervescente de ella, mientras que ella aportó un sentido de diversión a su naturaleza reservada. Cuando una vez le preguntaron sobre una decisión que tomó su esposo, Dolley solo dijo: «Espero que mi esposo siempre tenga la razón, pero la tenga o no, él es mi esposo». Debido a que no trataron de cambiarse el uno al otro, disfrutaron de una hermosa relación. Es más, Dolley se sentía feliz en extremo de estar casada con su Jimmy, nuestro James Madison, cuarto presidente de los Estados Unidos.

LA CREACIÓN DE UN MATRIMONIO *MADURO*

A medida que avanzas hacia el desarrollo de un amor conyugal maduro, considera los siguientes seis consejos que pueden ayudarte a establecer una base sólida para el trabajo necesario para disfrutar un matrimonio satisfactorio. A fin de madurar, debes tener presente que debe haber...

1. *Motivación*. Nadie completa nada que valga la pena sin la motivación adecuada. Se requiere mucho trabajo para edificar un matrimonio, y para encontrar la energía necesaria, debes descubrir la motivación dentro de ti mismo. Sin embargo, eso no debería ser difícil. ¿Quieres un matrimonio feliz y duradero? ¿Quieres agradar y bendecir a Dios? ¿Quieres dar un ejemplo atractivo de lo que Cristo puede hacer en un corazón humano? Cuando recuerdes a menudo el objetivo y la recompensa, hallarás la motivación.
2. *Atención*. La atención es la clave de cualquier buen matrimonio, así como la falta de atención es un síntoma de un matrimonio poco saludable. Presta atención a los pensamientos, sentimientos y necesidades de tu pareja. Conviértete en estudiante de tu cónyuge. Observa con sumo cuidado lo que le gusta y lo que no le gusta, sus fortalezas y debilidades, manías y placeres personales. Anótalos y

luego actúa en consecuencia. Nadie puede volver a encender la chispa en un matrimonio y pasar a la tercera etapa del matrimonio sin desarrollar hábitos de atención.
3. *Amabilidad*. El apóstol Pablo nos dice que seamos «amables» (Efesios 4:32). Cualquier hombre que quiera un matrimonio exitoso debe aprender a ser amable con su esposa. Al mismo tiempo, incluso el hombre más grande, duro y rudo necesita la amabilidad de su esposa. Así que esfuérzate por encontrar métodos creativos que demuestren amabilidad y úsalos todos los días.
4. *Comprensión*. Para entender a nuestro cónyuge, necesitamos practicar nuestro tercer mandamiento del matrimonio. ¿Lo recuerdas? «No dejarás de comunicarte nunca». La comunicación eficaz entre hombres y mujeres requiere esfuerzo, pero puede florecer. Y esta es la clave para entender a nuestra pareja: comprender cómo hablan, las señales no verbales que proyectan y cómo responden ante lo que le comunicamos. Ve más allá de tu propia comprensión limitada y averigua cómo está conectada tu pareja. No obstante, si omites este paso esencial, no llegarás a la etapa de que todavía te aguarda lo mejor.
5. *Respeto*. Todo el mundo quiere sentirse respetado, saber que otros valoran sus opiniones y pensamientos, el cónyuge en particular. Efesios 5 sugiere una especie de respeto entre un esposo y una esposa, un respeto que va mucho más allá que en otras relaciones. Por supuesto, someterse el uno al otro debido al respeto no siempre significa que dos personas estén de acuerdo. Sin embargo, significa que los dos se honran mutuamente, incluso cuando no están de acuerdo. Tal respeto les da a los cónyuges la capacidad de someterse el uno al otro.
6. *Emoción*. La etapa de todavía nos aguarda lo mejor puede proporcionar aún más emoción que los primeros meses de la etapa de la luna de miel. En lo personal, puedo testificar que ninguna parte de mi matrimonio se ha sentido más

emocionante o gratificante que la etapa actual de amor maduro en la que trabajamos Jo Beth y yo. Cuando puedes decir: «Nuestro tiempo ahora es mucho más emocionante y gratificante. Me encanta envejecer y ver que nuestro amor se hace más fuerte cada día que estamos juntos», el tuyo es un amor maduro. Tal amor crece y madura solo con tiempo y esfuerzo.

ENVEJECE CONMIGO

Todos queremos que lo mejor que nos aguarde sea el matrimonio, uno en el que nuestro amor crezca y perdure. Con eso en mente, permíteme citar una estrofa encontrada un poco más adelante en el poema «Rabí Ben Ezra», de Browning. No leímos esta parte en nuestra boda, pero Jo Beth y yo la estamos haciendo parte de nuestro matrimonio. Te recomiendo que tú lo hagas también.

> No exclamará: «¡Alabado seas tú!
> Ya veo toda tu intención;
> Yo que he visto el poder, ahora también veo el perfecto amor:
> Perfecto es tu plan:
> ¡Gracias por ser hombre!
> Creador, reforma, completa... ¡confío en lo que harás!».

HASTA QUE LA MUERTE NOS SEPARE

Leí una historia sobre una pareja de ancianos que llevaban casados setenta y dos años. Como mejores amigos en su adolescencia, se comprometieron y se casaron en doce horas. El 26 de mayo de 1939, ella se graduó a las diez de la mañana y se casaron a las diez de la noche esa misma noche.

«En realidad, se querían», le dijo su hijo al entrevistador. «Siempre trabajaron en equipo. Casi todo lo hacían juntos. Rara vez los veíamos separados».

Viajaban juntos, trabajaban juntos en un concesionario de autos y practicaban deportes juntos. Por lo tanto, no sorprendió que estuvieran juntos cuando un accidente automovilístico los enviara al hospital, ambos sufrieron heridas graves. La gente dice que cada uno preguntaba por el otro. Su espalda estaba muy dañada, pero ella seguía preguntando por su esposo. A causa de su dolor, él les pedía sin cesar a las enfermeras que revisaran a su esposa.

Cuando fue evidente que las heridas eran mortales en potencia, los colocaron juntos en una habitación. De inmediato, se tomaron de las manos. El primero en fallecer fue él. Sin embargo, algo extraño sucedió. Su monitor cardíaco siguió funcionando. Esperanzado, uno de sus hijos le preguntó a la enfermera: «Fíjese, ¿está segura de que se fue? ¿Por qué late su corazón?».

Con suavidad, la enfermera le respondió: «Están tomados de la mano con tanta fuerza, que el corazón de tu madre late a través del suyo».

Y así fue toda la vida. Ella se unió a él una hora más tarde. Su hijo cerró la historia con esto: «Papá siempre decía que valía la pena esperar a una buena mujer. Creo que él se adelantó y esperó una hora para que ella se le uniera a fin de que, juntos, se encontraran con el Señor»[E].

REFLEXIONES SOBRE TU RELACIÓN

1. ¿Qué tan importante es para ti trabajar para que tu matrimonio sea feliz, apasionado y amoroso? Explícalo.
2. ¿En qué etapa del matrimonio se encuentran hoy? ¿Qué pasos debes dar a fin de pasar a la siguiente etapa?
3. ¿Consideras que tu matrimonio es ahora amoroso y apasionado? Explícalo. ¿Qué puedes hacer para que sea así?
4. ¿En qué aspectos del amor MADURO eres fuerte? Explícalo. ¿Dónde eres débil y qué puedes hacer al respecto a partir de hoy?

UN COMENTARIO PERSONAL

Comenzarás una y otra vez

Si no has descubierto la emoción de empezar de nuevo, ¡te estás perdiendo un componente básico del matrimonio! Si tu matrimonio es aburrido o rutinario, necesitas este capítulo con urgencia. Lee entre líneas y te sorprenderás del cambio que se producirá en ti y en tu cónyuge.

— Noveno —
MANDAMIENTO

COMENZARÁS UNA Y OTRA VEZ

Como probablemente sepas, *Supervivientes* es el abuelo de casi todos los programas de telerrealidad. Ya estamos acostumbrados a ellos ahora, pero en el verano de 2000, enfrentar a un grupo de hombres y mujeres promedio y la naturaleza en una isla desierta era una idea novedosa. Se desafió a los participantes a ser más listos, a jugar mejor y a durar más tiempo que los demás mientras cortaban sus relaciones, así como el denso bambú. Tuvieron que construir un refugio, encontrar comida y arreglárselas para sobrevivir en el implacable entorno de un lugar remoto elegido a dedo (mantenido en secreto para procurar la expectación).

Aunque los concursantes exitosos tenían que trabajar en forma cooperativa, cada semana se reunían en un consejo tribal para expulsar al concursante más débil. El último hombre (o mujer) en pie ganaría un millón de dólares.

El matrimonio puede parecer un juego de supervivencia, excepto que nunca termina y nadie gana un millón de dólares.

Al igual que las estrellas de *Supervivientes*, un esposo y una esposa tienen que forjar su relación en un ambiente hostil. Y aunque la pareja promedio no tiene que ganarse la vida en una isla salvaje y desierta cerca de Borneo, sí tiene que establecer un hogar en un clima de adversidad que a menudo no trata con amabilidad al matrimonio ni a la familia.

EL SECRETO PARA LA SUPERVIVENCIA

Imagina que nos unimos a un grupo de turistas que se dirigen a *Walt Disney World*. Cada uno de nosotros conduce su propio auto. Sin embargo, antes de partir, nos dicen que la mitad de los autos de nuestro grupo se verán involucrados en accidentes que afectarán de manera drástica el resto de nuestras vidas.

¿No conducirías con extrema precaución? Sí, yo lo haría. Prohibiría todas las llamadas del teléfono celular, nunca enviaría mensajes de texto, ni siquiera pensaría en buscar mi CD favorito, y saldría de la carretera a la primera señal de somnolencia. Me tomaría el tiempo necesario para trazar mi ruta y elegir el camino más seguro posible. Haría todo lo que estuviera a mi alcance para asegurarme de no terminar en la mitad equivocada de esa estadística del cincuenta por ciento.

Buenas noticias: La estadística no se aplica a los visitantes que se dirigen a *Walt Disney World*. ¡Así que ten un buen viaje seguro! Malas noticias: Se aplica a los matrimonios. Los estadísticos nos dicen que la mitad de los que dicen «Sí, quiero» en Estados Unidos se dirigen a un desastre matrimonial. Dependiendo de las estadísticas que leas, algunos expertos dicen que casi la misma tasa es válida para quienes profesan ser cristianos.

Creo, sin duda alguna, que el problema número uno en nuestro país hoy en día es el divorcio. Cuando la relación fundamental en el hogar se desmorona, no solo afecta a la pareja, sino a los hijos, los suegros, los abuelos, los amigos y hasta la iglesia. Sería difícil nombrar uno de los males de la sociedad que no se puede rastrear hasta el colapso de la familia. ¿Es de extrañar que Dios diga que detesta el divorcio (Malaquías 2:16)?

¿Cuál es el secreto para la supervivencia? Creo que la respuesta está en nuestro noveno mandamiento del matrimonio: *Comenzarás una y otra vez*.

Nuestro Dios es el Dios de la segunda oportunidad. Él comienza cada día renovando sus misericordias para con nosotros. El profeta Jeremías había presenciado sufrimientos y horrores indecibles cuando escribió: «El gran amor del Señor nunca se acaba, y su compasión jamás se agota. *Cada mañana* se renuevan sus bondades; ¡muy grande es su fidelidad!» (Lamentaciones 3:22-23, NVI®, énfasis añadido).

Esta es una de las cosas que más me encanta y aprecio de nuestro Dios. Él es un Dios que redime, que se deleita en tomar lo dañado, lastimado y dado por muerto, y hacerlo nuevo, vivo y en crecimiento. En resumen, es un Dios que renueva.

Sería difícil encontrar muchos matrimonios duraderos en los que uno o ambos cónyuges no estén agradecidos por la oportunidad de comenzar de nuevo. Somos humanos, y también lo son nuestras parejas. No obstante, si estamos dispuestos a hacer lo que sea necesario, no hay nada de lo que nuestros matrimonios no puedan recuperarse.

EL ENGAÑO DEL NOVIAZGO

Desde una perspectiva humana, no podemos llamar a demasiados matrimonios una pareja hecha en el cielo. Creo que la mayoría de los matrimonios comienzan con algún tipo de problema, conflicto o engaño. Muchos matrimonios empiezan con luchas terribles entre las dos familias, con dos personas inmaduras que no parecen tener mucho en común, o incluso con un embarazo no planeado.

Quizás estés pensando en alguna pareja: Esos dos no tienen ninguna oportunidad. Les doy un año, dos a lo sumo. Debo admitir que he visto parejas que se dirigen al altar y me he preguntado si tienen alguna idea de lo difícil que puede ser el matrimonio, incluso para las parejas más amorosas y afectuosas.

En mis más de cincuenta años como pastor, he escuchado casi todas las razones o excusas posibles de cónyuges descontentos sobre por qué sus matrimonios no avanzan. La mayoría de las razones tienen que ver con un comienzo defectuoso:

- «¡A ella no le caen bien ninguno de mis amigos!».
- «Empezamos mal porque no tuvimos el tipo de boda que quería».
- «Nunca se llevó bien con mi madre y mi padre. Pensé que eso cambiaría, ¡pero solo empeoró!».
- «Cuando salíamos, parecíamos tener mucho en común. ¡Ahora no le gusta ninguna de las cosas que me gustan a mí!».
- «Ella era muy dulce cuando salíamos. ¡Ahora todo lo que hace es darme órdenes!».
- «¡Ya nunca dice o hace nada romántico!».

Durante el noviazgo, todos tendemos a dar lo mejor de nosotros. Solo tiene sentido. Nos vemos y vestimos lo mejor posible, y hasta pensamos y nos comportamos de manera considerada. Hacemos todas estas cosas para darles a nuestras citas la idea de que esto es lo que éramos antes de conocernos, lo que somos ahora y lo que seremos después de años de matrimonio. Queremos que esa persona significativa piense que ha conseguido una gran presa.

¡Qué engaño!

> Cuando vives año tras año con la misma persona, es inevitable que emerja quien eres tú de verdad.

No estoy sugiriendo, por supuesto, que con toda intención nos propusimos engañar. La mayoría de nosotros nos casamos con las mejores y más honorables de las intenciones. Sin embargo, vives año tras año con la misma persona, es inevitable que emerja quien eres tú de verdad. Y cuando esto sucede, la imagen no siempre es bonita.

En un libro superventas del siglo XIX titulado *The Royal Path of Life*, los autores T.L. Haines y L.W. Yaggy afirmaron que «el noviazgo es un gran plan de engaño». Al final, la realidad se establece cuando «cada día revela algo nuevo y algo desagradable. El carácter del noviazgo se desvanece, y con este el amor del noviazgo. Ahora viene la decepción, la tristeza, el arrepentimiento. Encuentran que sus caracteres son diferentes por completo»[1].

Una base engañosa de seguro puede hacer que un matrimonio tenga un comienzo inestable. Pero aun así, no levantes las manos ni te des por vencido con tu pareja, tu matrimonio ni contigo mismo. Puedes comenzar de nuevo en tu matrimonio, sin importar cuán defectuosos sean sus cimientos.

Más adelante en este capítulo, sugeriré algunos pasos prácticos para ayudarte a comenzar de nuevo en tu matrimonio. Primero, sin embargo, echemos un vistazo a un matrimonio tambaleante, por decir lo menos... ¡al principio!

UN MATRIMONIO «SIN POSIBILIDADES»

La Biblia nos da una imagen clara de un matrimonio que la mayoría de la gente diría que no tiene posibilidades de sobrevivir. La novia no era la primera opción del novio. Es más, ella no era siquiera una segunda opción. Además de eso, el matrimonio comenzó con engaños.

Un hombre llamado Jacob protagonizó este tambaleante romance. Solo para darte una idea de qué tipo de persona era «Jacob», su nombre significa «el que suplanta» o usurpa. En Texas, preferimos el sinónimo de tramposo. Este engañador le quitó con malas artes a su hermano la herencia al engañar hasta a su propio padre. Desarrolló una reputación como una especie de estafador. (Consulta Génesis 27 para obtener un relato de sus tratos con su padre y su hermano).

Jacob se enamoró de Raquel la primera vez que la vio. ¡La Biblia dice que la besó la primera vez que se encontraron y supo que era la indicada! Entonces, Jacob se acercó al padre de Raquel, Labán, quien también resultó ser el tío de Jacob. En Labán, Jacob conoció a su doble: un hombre tan hábil y tan astuto como un zorro. Labán decidió aprovechar bien el dinero invertido en el bueno de Jacob. Entonces, cuando Jacob le pidió a Labán la mano de Raquel en matrimonio, el viejo zorro respondió: «Si quieres a mi hija Raquel, tendrás que trabajar para mí durante siete años».

Esto no era un problema para Jacob. La Biblia dice que Jacob amaba tanto a Raquel que los siete años «le parecieron unos pocos días» (Génesis 29:20). Trabajó duro para Labán día tras día, mes tras mes y año tras año. Siempre que se cansaba o se desanimaba, debía mirar y ver a su encantadora futura esposa, y así renovar sus energías. El tiempo parecía volar.

Por fin, llegó el día de la boda: una gran celebración con música, bailes, risas y vino. Jacob observaba a la bella novia, cuyo rostro estaba velado, y a los orgullosos padres, a las risueñas hermanas y sobrinas, y a los bromistas hermanos y sobrinos. Y el vino fluyó. Al parecer, Jacob bebió mucho.

Sin duda, un poco mareado por el vino, Jacob y su novia se retiraron para la noche de bodas a fin de consumar el matrimonio. A la mañana siguiente, Jacob se despertó, es probable que se tratara de frotar los ojos debido a la diversión de las festividades de la noche y eliminar su resaca. Entornó los ojos en dirección a su amada, a quien ahora podía ver con claridad a la luz de la mañana. Jacob miró dos veces. No era Raquel sino Lea, su hermana.

> A Jacob lo estafaron. Ahora el engañador se había convertido en el engañado.

Lo estafaron. Así que ahora el engañador se había convertido en el engañado.

Jacob saltó de la estera, se estiró su túnica y salió corriendo de la tienda en busca de Labán.

—¿Qué me has hecho? —le preguntó Jacob a su sonriente suegro—. Trabajé siete años para ganarme la mano de Raquel en matrimonio, y tú me engañaste.

—Ah, por cierto —respondió Labán—, había algo que olvidé mencionar.

Jacob miró con fijeza a Labán.

—Por aquí, no tenemos la costumbre de casar a los más jóvenes antes que a los primogénitos. Te diré lo que voy a hacer. Trabaja para mí otros siete años, y te daré a Raquel ahora mismo.

(Lee el relato real en Génesis 29:21-28).

La casa de locos de Jacob

Entonces, Jacob terminó con dos esposas. Pero espera; la situación se volvió en seguida aún más complicada. Labán les dio siervas a Lea y Raquel, así que Bilha y Zilpa entraron en escena. Y Jacob se encontró en una casa con dos esposas y sus dos siervas.

¿Te imaginas un matrimonio con un comienzo más desdichado?

La historia continúa. Al parecer, Jacob no amaba a Lea porque «los ojos de Lea eran delicados» (v. 17). Eso no significa que usara lentes bifocales, sino que la niña no tenía chispa en los ojos, ni química. Tal parece que Lea era bastante aburrida y poco interesante. Incluso, su nombre significa «vaca»; ¿necesitamos decir más?

Raquel, en cambio, era todo lo contrario. La Biblia la describe como una mujer con buena figura y hermosa. Ella tenía chispa, brillo, carisma y química.

Sin embargo, Lea comenzó a tener hijos para Jacob, cuatro varones seguidos. Este giro de los acontecimientos preocupó a Raquel. Hasta el momento no había podido tener un hijo. Así que decidió intentarlo de otra manera.

De acuerdo con las costumbres de la época, le trajo a Zilpa, su sierva, a Jacob, que quedó embarazada de su hijo. En cuanto nació el niño, lo pusieron sobre las rodillas de Raquel y se convirtió, para todos los propósitos prácticos, en su propio hijo. Con el tiempo, Zilpa tuvo otro hijo para Raquel, quien ahora podría decirle a Lea: «Te estoy alcanzando; tengo tanto prestigio con Jacob como tú» (paráfrasis; lee Génesis 30:1-8).

Veamos lo que sucedió después. Lea se preocupó; hacía tiempo que no quedaba embarazada. Pensó que lo que le dio resultado a Raquel, también lo daría para ella. Así que mandó a buscar a su sierva, Bilha, y se la presentó a Jacob. Bilha concibió y dio a luz un hijo, y luego a otro.

Así que ahora Jacob vivía con cuatro mujeres, cuatro infelices mujeres compitiendo y discutiendo. Lea se animó un poco cuando quedó embarazada una vez más. Tuvo un hijo, luego otro, y después dio a luz una hija también.

¡Uf! Creo que tenemos que pedir un descanso. Estoy dispuesto a apostar que nadie, ni siquiera con el más cínico sentido del humor, podría llegar a un escenario más disfuncional que este. Incluso en nuestros días, cuando la idea del matrimonio y de la familia se ha confundido y mezclado, es difícil imaginar un peor comienzo para el matrimonio que el de Jacob. ¿La razón? Este matrimonio comenzó sobre una base de engaño, y el engaño envenena al matrimonio desde el principio.

Esto sería suficiente para causarle dolores de cabeza a cualquier hombre, pero no fue el único problema en la loca casa de Jacob. No olvides la lucha de poderes. Dos esposas y dos concubinas competían por el prestigio de tener hijos, un honor muy apreciado en esa cultura. Fueron con uñas y dientes, compitiendo entre sí por la supremacía.

¡FINAL FELIZ!

¿Te sorprendería que este matrimonio que comenzó de manera tan pésima tuviera un final estupendo? Nos damos cuenta cuando la Biblia nos dice que Raquel se puso celosa de Lea (Génesis 30:1).

¿Raquel estaba celosa de Lea? La mujer que Jacob amaba con tanta pasión y que con la que quiso casarse desde un principio, ¿celosa de la que la Biblia dice que no amaba?

Es evidente que algo se desarrolló entre Jacob y Lea. Cuando Jacob decidió trasladar a su familia, rebaños y posesiones domésticas a su tierra natal de Canaán, habló con Raquel y Lea (31:4). Esto proporciona evidencia de que Lea, que no había sido la favorita de Jacob, estaba ganando protagonismo a los ojos de su esposo.

Sin embargo, lo que de veras muestra el desarrollo de la relación entre Jacob y Lea llega en el momento de la muerte. Raquel murió al dar a luz durante un viaje familiar y Jacob la enterró junto al camino cerca de Belén. En cambio, cuando Lea murió, Jacob la enterró en la cueva de Macpela, la parcela familiar, un lugar de honor, donde yacían Abraham y Sara, junto con Isaac y Rebeca. A Jacob también lo enterrarían allí cuando muriera. Jacob pudo haber dispuesto que el cuerpo de Raquel se reubicara en este lugar de entierro elegido, pero nunca lo hizo. El lugar junto a él en la muerte perteneció a Lea.

Lo más significativo es que fue a través de Lea, la mujer con la que engañaron a Jacob para que se casara, y no de Raquel, que vendría el Mesías. A través del linaje de

> Fue a través de Lea que vendría el Mesías.

Judá, el hijo de Jacob y Lea, Cristo vino a este mundo.

¡El matrimonio que comenzó de forma tan terrible terminó fuerte! La historia de Jacob, Lea y Raquel demuestra un principio importante: Los malos comienzos no son decisivos en un matrimonio. No importa cuán mal comenzaran nuestros matrimonios, pueden terminar fuertes si permitimos que Dios los sane y renueve.

CÓMO PUEDES COMENZAR DE NUEVO

Si la fórmula para la felicidad conyugal se pudiera encontrar en una píldora, podría ser «vitamina A». Los siguientes elementos de restauración, o el comenzar de nuevo todos empiezan con la letra «A» y se basan en las Escrituras que enumeran con ellos[2]. Seguimos volviendo a la Biblia, ¿no es así? Eso se debe a la manera en que actúa Dios en el matrimonio y en toda la vida. Por lo tanto, la aplicación fiel de los principios bíblicos puede traer nueva vida y vitalidad a cualquier matrimonio, sin importar su condición. Eso incluye el tuyo y el mío.

Aquí tienes los seis elementos, o principios, para comenzar de nuevo en un matrimonio.

1. Aceptación

> Acéptense mutuamente, así como Cristo los aceptó a ustedes para gloria de Dios. (Romanos 15:7, NVI®)

Sin la aceptación, la fe cristiana, tal como la conocemos, no podría existir. Del mismo modo, sin la aceptación, ningún matrimonio podría sobrevivir a las diferencias que de seguro surgirán cuando dos personas vivan juntas. Debemos aceptarnos el uno al otro al igual que Dios nos ha aceptado de manera incondicional.

Muchas personas creen que la mayoría de los esposos y esposas tienen personalidades y estilos opuestos. Todos conocemos el dicho: los polos opuestos se atraen. En muchos casos, en nuestros años de noviazgo, queríamos a alguien que nos equilibrara. La naturaleza extravertida de él ayudaba a realzarla a ella. La tendencia a planificar de ella compensaba la espontaneidad amante de la diversión de él. Vimos en nuestros opuestos los rasgos que deseábamos tener, por eso nos sentíamos a gusto con la otra persona.

Sin embargo, después del matrimonio, después de pasar más tiempo juntos viviendo bajo el mismo techo, esas pequeñas diferencias ya no parecen tan pequeñas. Lo que antes parecía tan atractivo, ahora se convierte en un punto de seria discusión, y las cosas que una vez se sintieron tan entrañables se convierten en llamadas de trompeta a la batalla.

Si se va a comenzar una y otra vez en el matrimonio, se debe aprender a aceptarse mutuamente de manera completa e incondicional. Tendrás que mirar en oración los defectos e idiosincrasias de tu pareja, y darte cuenta de que como el mismo Cristo encontró a esa persona aceptable, también debe serlo para ti.

Dios nos hizo a todos únicos y muy diferentes unos de otros. No obstante, todos estamos hechos a imagen de Dios. Cuando miramos a los demás, en especial a esa persona con la que nos hemos comprometido de por vida, ¿cómo podemos hacer algo menos que aceptarnos y amarnos tal como prometimos cuando nos paramos en el altar y dijimos «Sí, quiero»?

2. Atención

> Ahora que se han purificado obedeciendo a la verdad y tienen un amor sincero por sus hermanos, ámense de todo corazón los unos a los otros. (1 Pedro 1:22, NVI*)

A primera vista, este versículo parece obvio. Por supuesto, tenemos que amarnos si queremos restaurar nuestros matrimonios y comenzar de nuevo. Eso debería ser evidente, pues Dios lo dice. ¿Por qué? Porque necesitamos escucharlo una y otra vez.

Sabemos que se supone que debemos amarnos. La pregunta es: ¿cómo lo hacemos? En realidad, ¿qué debemos hacer para poner acción detrás de las palabras «Te amo»?

No es tan complicado como a algunas personas les gusta hacerlo. Es más, lo simplificaría diciendo que otra forma de deletrear el amor es A-T-E-N-C-I-Ó-N. Nada indica el amor con tanta claridad como la atención.

Cuando era un niño pequeño y los visitantes pasaban por la casa, de inmediato me convertía en un acróbata. Daba saltos mortales, me paraba de manos o me colgaba de los pies en un trapecio del jardín. Para colmo, hasta cantaba. Me sentía ansioso por llamar la atención de nuestros visitantes. De la misma manera, creo que muchos esposos y esposas también darían vueltas, bailarían y cantarían canciones si pensaran que haría que su cónyuge se concentrara más en ellos.

Un joven vino a verme casi llorando por una relación que se vino abajo. Pensaba que había encontrado a la chica de sus sueños. Parecían congeniar a la perfección. Nunca escuchabas su nombre sin el de ella, y viceversa. Todo el mundo sabía que eran pareja. Sin embargo, un día ella le puso fin. Para decirlo en sus palabras, ella lo dejó.

«¿Qué sucedió?», le pregunté.

«No le presté atención», respondió. «Me ocupaba de hacer todo tipo de cosas, y le dejé de prestar atención».

Parece que los hombres necesitamos tutoría en este asunto. De alguna manera, prestar atención es algo más natural para nuestras equivalentes femeninas. Eso es cierto, al menos en nuestra familia. Jo Beth es experta en mostrar atención. Entonces, esposos, déjenme darles algunas sugerencias simples sobre cómo prestarles atención a sus esposas. Con esto, esposas, no significa que estén fuera de peligro. Te animo a que sigas estas sugerencias también:

- Elogia su apariencia.
- Compra una pequeña muestra de tu amor (flores, tarjetas, etc.).
- Hagan todo lo posible por agradecerse el uno al otro por algo bien hecho, incluso por las tareas cotidianas.

- Llama o envía un mensaje de texto a mitad del día, solo para saludar.
- Exprésale palabras de aliento y alabanza frente a los demás.

De innumerables maneras, puedes darle a tu pareja la atención que se merece. Sé creativo. Sé espontáneo. Entonces, préstale atención a tu pareja. Quizá te sorprendas de cómo ese tipo de atención puede ayudarte a comenzar una y otra vez en tu matrimonio.

3. Ajuste

Sometiéndoos unos a otros en el temor de Cristo.
(Efesios 5:21)

Este versículo enseña la sumisión mutua. Si queremos matrimonios felices, tenemos que aprender a someternos el uno al otro. Hacemos esto aprendiendo a ajustarnos a los deseos, necesidades, metas, sueños e incluso a la idiosincrasia del otro.

Demasiadas personas se casan convencidas de que pueden cambiar a su pareja. Detectan un pequeño defecto en su cónyuge, tal vez un hábito, una tendencia, una rareza o incluso un pasatiempo inofensivo. Por lo tanto, amenazan, coaccionan, engatusan o usan alguna otra forma de presión para cambiar el rasgo o comportamiento indeseable, casi siempre con resultados dolorosos o desastrosos. En lugar de ajustarse, se agravan.

Ahora lee esto con sumo cuidado: No puedes cambiar a tu esposo o esposa. Yo no puedo cambiar a Jo Beth y ella no puede cambiarme a mí. Sin embargo, ambos hemos aprendido a dar y recibir, a ajustarnos el uno con el otro.

Lo lamentable es que muchas personas pasan por la vida sin poder, o sin querer, ajustarse a los demás. Se vuelven inflexibles, el egoísmo del tipo más destructivo, y con el tiempo esto lleva a una ruptura de la relación. Muchos matrimonios se condenan desde el principio porque uno o ambos cónyuges se niegan a someterse al otro para hacer ajustes a sus propios horarios, deseos y necesidades.

Por fortuna, las personas pueden cambiar. Lo sé, acabo de decir que no puedes cambiar a tu pareja, pero eso no significa que tú y tu pareja no puedan cambiar. Dios está comprometido con el cambio. Él hace todas las cosas nuevas, y eso también se aplica a nuestros matrimonios (2 Corintios 5:17).

Entonces, si de veras quieres comenzar de nuevo, pídele al Señor que te cambie desde adentro. Pídele su perdón por tu egoísmo e inflexibilidad. Luego, pídele que te muestre dónde necesitas ajustarte a tu pareja.

¿Sabes lo que sucederá? Él te ayudará a encontrar formas de ajustar tu propio corazón y mente a los deseos, necesidades y objetivos de tu cónyuge. Así que cuando tu pareja vea que eres una nueva persona, cambiará también.

Dios nunca quiere que nos preocupemos por cambiar a otras personas, solo a nosotros mismos. Sin embargo, en su economía, en su cambio de nosotros parece encargarse de cambiar a esa otra persona.

4. Amnistía

Sean bondadosos y misericordiosos los unos con los otros,
perdonándose unos a otros como Dios también los perdonó
a ustedes en Cristo. (Efesios 4:32, RVA-2015)

El perdón está en el corazón del cristianismo, y en el corazón de cualquier matrimonio saludable. No pasó mucho tiempo después que dije «Sí, quiero» que me di cuenta de que el perdón es un ingrediente esencial para un matrimonio feliz. Por eso le cito este versículo a cada pareja que se para frente a mí en el altar. Más que cualquier otro pasaje, este tiene la clave para ayudar a un esposo y una esposa a superar cualquier situación. Si cada pareja pone en práctica estas palabras, las tasas de divorcio caerían en picado.

Fíjate que elegí la palabra amnistía en lugar de perdón. La palabra amnistía proviene de un término griego que significa «olvido». Si bien el perdón significa cancelar todas las deudas y la culpa por un error cometido, la amnistía lleva este proceso un paso más allá al declarar al infractor o deudor inocente de todos los cargos. Es como si la ofensa nunca hubiera sucedido. La amnistía se refiere a un esfuerzo deliberado de pasar por alto las ofensas.

A lo largo de los años, he conocido a demasiadas parejas que se guardan rencor entre sí, a menudo por cosas que sucedieron hace años, incluso décadas. Aunque el matrimonio no es fácil, podemos hacer que el camino sea mucho menos accidentado al perdonar los errores de nuestro cónyuge, una y otra vez, tal como Dios nos ha perdonado por medio de Cristo.

5. Aprecio

Anímense los unos a los otros y edifíquense los unos a los otros, así como ya lo hacen. (1 Tesalonicenses 5:11, RVA-2015)

En este versículo, Pablo nos da los dos componentes del aprecio: ánimo y edificación. La palabra del Nuevo Testamento para *animar* es, en realidad, una combinación de dos palabras. El primer término significa «caminar al lado de» alguien de una manera que impulse y consuele a la persona en su viaje por la vida. La otra palabra se refiere a un «llamado» que recibe alguien. En el matrimonio, Dios nos llamó a Jo Beth y a mí a caminar por la vida, codo con codo, animándonos y confortándonos mutuamente donde sea que nos lleve nuestro camino. Y no puedes alentar a alguien de esta manera sin mostrar aprecio.

El segundo componente de apreciación lo vemos en la palabra traducida «edificaos». El término griego original significa «construir una casa». Pablo escribe que somos un «templo de Dios» (1 Corintios 3:16). Por lo tanto, un cónyuge procura construir en el otro un templo resplandeciente, ¡no una casa que necesita reparaciones! Quiero que Jo Beth sea la casa más grandiosa de los alrededores, y ella desea lo mismo para mí. Cada vez que muestro o expreso mi aprecio por ella, es como si estuviera añadiendo capa sobre capa de piedra valiosa, elevándola cada vez más alto.

Cuando alentamos y edificamos a nuestras parejas, sucede algo más. Piensa en lo que ocurre cuando compras y mejoras una propiedad. Aumenta de valor; su valor se aprecia.

Lo mismo sucede cuando alentamos y edificamos a nuestras parejas. Lo aprecian como persona. En realidad, nuestras expresiones de aprecio pueden ayudar a nuestro cónyuge a mejorar.

Estas dosis de apreciación deben administrarse a diario. Hebreos 3:13 nos dice: «Anímense unos a otros cada día» (NVI®). Deberíamos hacer esto cada vez que reconozcamos algo digno de elogio en nuestras parejas.

6. Afecto

El marido cumpla su deber para con su mujer, e igualmente la mujer lo cumpla con el marido. (1 Corintios 7:3)

Cuando piensas en la palabra afecto, ¿qué te viene a la mente? ¿Caricias suaves? ¿Grandes y fuertes abrazos de oso? ¿Un brazo colocado con amor alrededor del hombro? Podemos expresar afecto de muchas maneras, desde un simple toque en la mano hasta el acto de intimidad sexual entre un esposo y su esposa.

Hace unos años, escribí un libro titulado *Romancing the Home: How to Have a Marriage that Sizzles*. Una parte del libro abordó la encuesta del Dr. Willard Harley sobre las cinco mayores necesidades de los esposos y sus esposas. Esa encuesta reveló que si bien la satisfacción sexual es la necesidad número uno de los cónyuges, el afecto es la necesidad número uno de las esposas de sus esposos. Durante este tiempo prediqué un sermón sobre la necesidad número uno de la esposa. Hasta el día de hoy, ese mensaje (titulado «¿Por qué abrazar?») sigue siendo el mensaje más solicitado en la historia de nuestro ministerio de medios de comunicación.

> La necesidad de afecto de la esposa es tan fuerte que su falta puede llevar a una aventura extramatrimonial.

La necesidad de afecto de la esposa es tan fuerte que su falta puede llevar a una aventura extramatrimonial. La mayoría de los consejeros profesionales están de acuerdo en que las mujeres son infieles por razones diferentes por completo a las de los hombres. Mientras que las necesidades sexuales insatisfechas pueden hacer que un esposo busque otro lugar, a la esposa la puede atrapar literalmente una aventura si se le priva de afecto.

El afecto proporciona la atmósfera para la relación. Por lo tanto, es vital que los esposos y las esposas satisfagan las necesidades del otro en este aspecto. Una buena manera de comenzar es con un abrazo simple, pero afectuoso. Después de todo, un abrazo puede hacer maravillas.

> Es la cura perfecta para lo que te aqueja. Sin partes móviles; sin baterías que se gasten; sin revisiones periódicas; con bajo consumo de energía; alto rendimiento energético; es a prueba de la inflación; sin impuestos; no contamina; y, por supuesto, es retornable por completo. Abrazar es saludable. Alivia la tensión, combate la depresión, reduce el estrés y mejora la circulación sanguínea. Es estimulante, rejuvenecedor, eleva la autoestima, genera buena voluntad, no tiene efectos secundarios desagradables. Es nada menos que un medicamento milagroso[3].

El afecto no está reservado para las mujeres. Es una necesidad fundamental de todo ser humano. Si no lo crees, mira a una madre con sus hijos pequeños. Allí se ven caricias, abrazos, besos, todos los actos de afecto que refuerzan la comprensión del niño de que es especial. Por instinto, una madre sabe que su hijo necesita atención amorosa.

Los papás estamos mejorando un poco en esto. Siempre he tratado de mostrarles afecto a mis hijos: un abrazo, una palmada en la espalda, incluso un beso. Todavía muestro ese afecto a pesar de que los tres son adultos con sus propios hijos. Me encanta verlos con sus hijos. Hacen un trabajo excelente al mostrarles afecto a sus esposas y a sus hijos.

En el matrimonio, la intimidad sexual es una expresión vital de afecto. Como nuestro versículo clave, 1 Corintios 7:3, lo ordena: «El marido cumpla su deber para con su mujer, e igualmente la mujer lo cumpla con el marido». Dios ha dado este sagrado y hermoso regalo como un medio principal para que una pareja comparta el afecto entre sí.

Es más, tiene tanta importancia que Pablo nos dice que «la esposa no tiene autoridad sobre su propio cuerpo, sino su esposo; asimismo el esposo tampoco tiene autoridad sobre su propio cuerpo, sino su esposa» (1 Corintios 7:4, RVA-2015). El sexo no solo es algo que las parejas casadas hacen por placer, sino que también es un deber mutuo para el beneficio de cada uno. Cuando se practica de la manera en que enseña la Biblia, la intimidad sexual puede contrarrestar el problema de la tentación sexual fuera del matrimonio.

Pablo animó a los corintios: «No os privéis el uno del otro, excepto de común acuerdo y por cierto tiempo, para dedicaros a la oración; volved después a juntaros a fin de que Satanás no os tiente por causa de vuestra falta de dominio propio» (v. 5). Visto de esta manera, el sexo entre un esposo y una esposa es una responsabilidad espiritual. Cuando se practica de acuerdo con el plan de Dios, la intimidad sexual en el matrimonio contribuye a la integridad y al bienestar de cada uno en la pareja, y mejora su relación afectiva.

¿EN QUÉ «ESTADO» SE ENCUENTRA TU MATRIMONIO?

Durante mis años como pastor, he visto todo tipo de matrimonios. Casi todos se pueden clasificar de manera geográfica. Por ejemplo, existe lo que llamo el «matrimonio del norte de Alaska». Aquí encontrarás una extensa tundra congelada, sin mucha emoción, dura, aburrida y sin vida. En este tipo de matrimonio, el esposo y la esposa caminan como muertos vivientes de alguna vieja película de terror. Fingen estar vivos, pero el frío en el aire se apodera con rapidez de todo lo que está vivo y lo asfixia con un frío cortante.

También existen los «matrimonios de Colorado». Tal relación pasa por períodos estacionales de frío y calor. Los inviernos llegan cuando se producen crisis y conflictos. Estas estaciones son oscuras, pesadas y llenas de nieve helada y vientos penetrantes. Sin embargo, los veranos espectaculares de un matrimonio en Colorado presentan un aire claro y fresco, y unas vistas fabulosas. El problema con este tipo de matrimonio es que el frío y el calor se mezclan para crear una especie de matrimonio tibio o promedio. ¿Y a quién le gusta el promedio? Nadie quiere ser promedio; eso solo significa que eres lo peor de lo mejor y lo mejor de lo peor.

Por último, está el «matrimonio de Hawái». ¡Ah! Este matrimonio es cálido, romántico, hermoso, exuberante y creciente. La hamaca se balancea con suavidad bajo las palmeras, el oleaje golpea la orilla y los arcoíris llenan el cielo. La vida se siente maravillosa.

¿En qué «Estado» se encuentra tu matrimonio? Si el tuyo es el cálido y amoroso «matrimonio de Hawái», estás haciendo un gran trabajo al poner en práctica los principios de Dios en tu relación. Si tiende a ser más como la relación caliente y fría del «matrimonio de Colorado», es posible que debas aplicar los principios de comenzar de nuevo de manera más coherente. Si tu matrimonio se ha vuelto frío, estéril y sin vida como la tundra del norte de Alaska, es hora de que tú y tu pareja comiencen de nuevo.

La verdad es que nuestros matrimonios experimentan momentos en todos estos «Estados». Por eso es tan importante que sigamos el plan de Dios para edificar un matrimonio que les sobreviva a todos los climas, y que avance hacia estancias más frecuentes en Hawái. Si aplicas sus seis principios para comenzar de nuevo, estarás bien encaminado para trasladar tu relación matrimonial de la tundra congelada de Alaska a la calidez tropical de las playas hawaianas.

REFLEXIONES SOBRE TU RELACIÓN

1. ¿Qué tres cosas harías de manera diferente si pudieras empezar tu matrimonio de nuevo?
2. ¿Cuál de los seis pasos necesita más tu matrimonio a fin de comenzar de nuevo? Explícalo.
3. ¿Considerarías tu matrimonio cálido y amoroso, cálido y frío, seco y árido? ¿De qué manera?
4. ¿Has abrazado a tu cónyuge hoy?

UN COMENTARIO PERSONAL

Construirás un equipo ganador

En nuestra sociedad, muchos matrimonios están perdiendo, pues no han puesto todo en su lugar para establecer un estilo de vida sólido que gane. Este capítulo te muestra cómo ser parte de un equipo victorioso sin interrupción. ¡Solo pon en práctica los principios y nunca perderás un partido!

Décimo
MANDAMIENTO

CONSTRUIRÁS UN EQUIPO GANADOR

Un pastor, al saludar a los miembros de su congregación cuando salían del servicio de adoración de la mañana, se volvió hacia una pareja que se acercaba. Celebró su boda unos años antes, por lo que se sorprendió de su breve saludo mientras pasaban con rapidez por su lado. Después que la pareja se alejó, se susurraron, se volvieron y regresaron al pastor.

«Pastor», dijo el hombre. «Solo queremos que sepa que nos vamos a divorciar, y que no es asunto de nadie más que nuestro».

El ministro estudió a la pareja por un momento. «Eso no está bien», les dijo. «Su matrimonio es asunto de todos».

NUESTROS MATRIMONIOS: LE IMPORTAN A LA NACIÓN

Vivimos en una época de derechos personales y de privacidad. Sin embargo, a menudo olvidamos que somos parte de un esquema más amplio que nuestras propias vidas y privilegios individuales. Somos miembros de una sociedad, y nos guste o no, tu matrimonio, y mi matrimonio, son un asunto de la nación.

En Galveston, Texas, no lejos de Houston, donde vivo, varios muelles de madera se extienden hasta el golfo de México. Algunos sirven a la industria pesquera, mientras que otros albergan tiendas y restaurantes. Los muelles están sobre pilotes hundidos en el fondo del mar. Si se derriba uno de esos pilotes, se resiente la estabilidad de todo el muelle. Retira o debilita algunos de esos pilotes, y el muelle se estrellará contra las olas de abajo, arrastrando hacia el agua a todo lo que descansa sobre él.

La pregunta crucial es: ¿Cuántos pilotes puedes quitar de debajo de un muelle y, aun así, mantenerlo en pie?

Cada una de las sociedades es como esos muelles, que se encuentran encima de olas estruendosas que golpean, presionan y amenazan con derribar naciones y culturas enteras. Sin embargo, Dios diseñó el matrimonio para que fuera como esos pilotes, hundidos profundamente en el fundamento de su verdad y sosteniendo todo lo demás. A su vez, esos matrimonios sirven como pilotes para las familias: las personas aprenden a funcionar como ciudadanos estables y productivos cuando provienen de hogares sólidos. En el hogar podemos aprender autodisciplina, respeto y responsabilidad. Como señalara Francis Fukuyama, exprofesor de economía política internacional en la Universidad John Hopkins:

> La «sociedad civil», un complejo conjunto de instituciones intermedias, incluyendo empresas, asociaciones de voluntarios, instituciones educativas, clubes, sindicatos, medios de comunicación, organizaciones benéficas e iglesias, se edifica, a su vez, sobre la familia, el principal instrumento mediante el cual se socializa a las personas en su cultura y se les proporcionan las habilidades que les permiten vivir en una sociedad más amplia, y a través de la cual se transmiten los valores y el conocimiento de dicha sociedad a través de las generaciones[1].

A medida que los matrimonios se debilitan, las familias se debilitan y, como resultado, sufre toda la sociedad. Ese pastor le dijo a la pareja que su divorcio era asunto de todos. ¿Cuántos matrimonios pueden sacarse de debajo del muelle de Estados Unidos y que la nación siga en pie?

NUESTROS MATRIMONIOS: SON UN ASUNTO DE NUESTROS HIJOS

Sin duda, nuestros matrimonios son un asunto de nuestros hijos. Los hijos son como sismógrafos. El más mínimo temblor en la relación entre su madre y su padre se registra en su psique.

La relación de los padres pone en marcha destinos enteros, ya que la forma en que amamos a nuestros hijos, los criamos y los hacemos sentir seguros afecta sus futuros matrimonios y familias. La investigación de George Gallup, por ejemplo, revela que las hijas de padres solteros tienen un 164% más de posibilidades de tener un hijo fuera del matrimonio, un 111% más de maternidad adolescente y un 92% más de probabilidades de divorciarse que las niñas criadas por padres casados[2]. Como se señaló en el capítulo 6, los hijos criados en hogares sin padre tienen más probabilidades de participar en conductas delictivas cuando sean adolescentes o adultos.

Sin lugar a dudas, nuestros matrimonios son un asunto de nuestros hijos.

NUESTROS MATRIMONIOS: SON UN ASUNTO DE DIOS

Nuestros matrimonios también son un asunto de Dios. Como vimos en un capítulo anterior, debido a que Dios nos ama, se comunica con los que ama, es decir, con nosotros.

Los buenos comunicadores utilizan un marco de referencia común para conectarse con sus audiencias. Una persona que desea transmitir un mensaje a otra considerará dónde se superponen sus vidas y experiencias, y comenzará en ese punto común. Por eso es que Dios nos habla a menudo en términos domésticos. Por ejemplo, la Biblia dice: «Como un padre se compadece de sus hijos, así se compadece el SEÑOR de los que le temen» (Salmo 103:13). Una vez más, Dios dice a través de Isaías: «Como uno a quien consuela su madre, así os consolaré yo» (Isaías 66:13).

¿Cómo puede un individuo sentir el significado de la compasión amorosa de un padre si ningún padre ha bendecido la vida de esa persona, ya sea a causa de un divorcio, una separación o la muerte? ¿Qué significa el consuelo materno para un hombre o una mujer privados de una madre en los años de desarrollo? Dios, al igual que un padre amoroso, se preocupa por sus hijos; eso incluye preocuparse por nuestro bienestar en un pacto matrimonial afirmado ante Él, así como ante los testigos.

También es asunto de Dios porque Él usa nuestros matrimonios para enseñarles a otros acerca de su relación con Cristo. Los esposos, escribió Paul, deben amar a sus esposas de la misma manera que Cristo amó a la Iglesia, hasta el punto de su propio sacrificio, si fuera necesario (Efesios 5:25). Cuando un esposo no ama a su esposa como se describe aquí, el versículo y su principio pierden impacto y hasta significado. Cuando se rompe un matrimonio, deja de funcionar la mejor escuela teológica que diseñó Dios.

Es pura arrogancia decir: «Nuestro matrimonio no es asunto de nadie más». En realidad, es asunto de Dios, de los hijos involucrados y de la nación misma.

UNA RELACIÓN DINÁMICA

Dado que el matrimonio es un asunto de todos, es esencial que cada esposo y esposa desarrollen una relación dinámica.

Al considerar estos mandamientos para edificar matrimonios saludables, hemos recibido algunas ideas prácticas. Este décimo y último mandamiento acuna a los nueve anteriores, pues si nuestros matrimonios van a fortalecerse a través de los años, ambos en la pareja deben trabajar juntos, y eso significa trabajo en equipo. Por lo tanto, construirás un equipo ganador.

Un equipo existe cuando un grupo de dos o más individuos trabaja hacia la misma meta u objetivo. Quizá los miembros del equipo no compartan las mismas ideas sobre cómo lograr su objetivo común, pero todos tienen en mente los mismos objetivos finales.

El plan de Dios para el matrimonio incluyó el trabajo en equipo desde el principio. Así que veamos qué se necesita para establecer un equipo ganador entre marido y mujer.

TRABAJO EN EQUIPO EN EL HUERTO

En los albores de la creación, Dios habló de sus planes para Adán: «No es bueno que el hombre esté solo; le haré una *ayuda* idónea» (Génesis 2:18, énfasis añadido).

Adán miró a su alrededor al hermoso paraíso que le creó Dios, y detectó algo intrigante: Cada criatura tenía su propia pareja. Todos los mamíferos, aves, reptiles y peces tenían a alguien que se les parecían mucho, pero con diferencias cruciales. Adán notó, sin embargo, que no tenía tal pareja, y Dios se encargó de asegurarse de que el hombre recibiera la compañera perfecta. Creó una mujer a partir de la costilla del hombre, y en seguida Adán se regocijó de su nueva compañera: «Esto es ahora hueso de mis huesos y carne de mi carne; ésta será llamada Varona, porque del varón fue tomada». Dios quiso que la nueva pareja formara un equipo tan unido que los llamó «una sola carne» (vv. 23-24, RV-60).

Más tarde, el rey Salomón apoyó el valor crucial del trabajo en equipo cuando escribió: «Más valen dos que uno, porque obtienen más fruto de su esfuerzo. Si caen, el uno levanta al otro. ¡Ay del que cae y no tiene quien lo levante! Si dos se acuestan juntos, entrarán en calor; uno solo ¿cómo va a calentarse?» (Eclesiastés 4:9-11, NVI*).

El pasaje de Eclesiastés parece una promoción para la institución del matrimonio. Es evidente que Dios quería que el matrimonio fuera un esfuerzo de equipo. Una pareja bíblica, en particular, apoya a la perfección tal conclusión.

UN EQUIPO DEL NUEVO TESTAMENTO

El matrimonio de Priscila y Aquila, dos fieles siervos de Cristo, muestra el gran impacto de un equipo dinámico de marido y mujer. El hecho de que uno nunca se mencione en la Biblia sin el otro habla de la vitalidad de su matrimonio.

Sabemos poco sobre ellos. Vivieron en Roma, pero tuvieron que marcharse cuando el emperador Claudio expulsó a los judíos. Al igual que Pablo, se convirtieron en fabricantes de tiendas. Es más, así es que Pablo los conoció en Corinto. Como la ciudad proporcionaba pocos lugares para que los viajeros se hospedaran, Pablo se quedó con Priscila y Aquila (Hechos 18:1-3). Mientras Pablo permanecía en una comunidad, se acostumbró a hacer tiendas de campaña durante la semana y enseñar cada sábado en la sinagoga. Como judíos devotos, Priscila y Aquila asistían a los servicios. Cuando Silas y Timoteo llegaron a Corinto después de predicar en Macedonia, Pablo pudo utilizar todo su tiempo enseñando.

En la epístola de Pablo a los romanos, aprendemos que Priscila y Aquila, en realidad, salvaron la vida de Pablo, con un gran riesgo para las suyas (16:3-4). La iglesia local se reunía en la casa de este equipo de esposos (v. 5). Pablo hablaba con obvio afecto por ellos dos, incluso insistiendo en que las iglesias gentiles les debían su agradecimiento. Pablo también les pasó un saludo de Aquila y Priscila a los cristianos en Corinto e instruyó al joven pastor Timoteo para que les transmitiera su saludo en Éfeso (1 Corintios 16:19; 2 Timoteo 4:19).

Aquila y Priscila, dos obreros ganados para Cristo por el apóstol Pablo, nos dan una gran imagen del trabajo en equipo conyugal. Sus esfuerzos unidos los califican como héroes no reconocidos de la fe cristiana. Viajaron con Pablo, plantaron una iglesia, celebraron cultos de adoración en su casa, y hasta salvaron la vida del hombre que llegaría a ser una de las figuras más importantes en la historia del cristianismo.

> Dondequiera que vivían, esta pareja piadosa hacía de su casa una iglesia.

Priscila y Aquila se volvieron importantes no solo para personas en particular, sino también para toda su comunidad. Dondequiera que vivían, esta pareja piadosa hacía de su casa una iglesia. Todos sabían que podían encontrar luz, esperanza y amor en su hogar.

Entonces, ¿qué hubiera sucedido de no existir Priscila y Aquila? ¿Y si este equipo se hubiera desmoronado? Su matrimonio y su enorme impacto fueron de seguro asunto de todos. Esta pareja ayudó a salvar la vida de Pablo, y Pablo llevó el evangelio al mundo gentil. A través de los siglos, las Buenas Nuevas se extendieron por toda Europa y, a la larga, llegaron a las costas de nuestra propia nación. Como puedes ver, el matrimonio de Priscila y Aquila es asunto nuestro incluso hoy.

Estos dos cristianos del siglo primero formaron un equipo ganador, y creo que Dios quiere construir equipos igual de poderosos hoy. Así que vamos a ver lo que se necesita para construir un matrimonio como el de Priscila y Aquila.

LO QUE SE NECESITA

Proverbios 24:3-4 nos dice: «Con sabiduría se edifica una casa [o un matrimonio], y con prudencia se afianza; con conocimiento se llenan las cámaras de todo bien preciado y deseable». La palabra edifica es un verbo de acción, ya sea que el contexto sea hogar, construcción o matrimonio.

Debemos decidirnos a construir un equipo ganador. Si nos comprometemos a construir un equipo ganador, Dios puede darnos la sabiduría, la comprensión y el conocimiento necesarios para el éxito.

La construcción de un equipo ganador

¿Alguna vez te preguntado qué se necesita para construir a un ganador? Considera, por ejemplo, lo que se necesita para construir un equipo de fútbol universitario ganador. Varios componentes clave promueven el desarrollo de un campeón en el campo de fútbol.

1. El artífice competente. Cada equipo ganador de la universidad tiene un artífice para el programa. Se necesita una combinación de los principales líderes: el rector de la universidad, el presidente, el consejo de administración y el director deportivo. Este grupo establece los parámetros de las actividades deportivas de la escuela y proporciona los fondos. Si este grupo de individuos sigue comprometido en su totalidad con

la construcción de un ganador, el equipo está en camino a un programa exitoso.
2. El entrenador bien informado. Esta persona debe ser capaz de llevarse bien con la administración de la universidad, reclutar jugadores, formar y dirigir al personal, operar dentro de un presupuesto y motivar a los jugadores jóvenes con talento. Knute Rockne, legendario entrenador de la Universidad de Notre Dame, fue un hombre así. Cuando murió en un accidente aéreo, un periódico publicó un editorial: «Cualquiera que pueda encender la virilidad de otros, como lo hizo él, es admirable en todos los sentidos».
3. Los jugadores con talento. Cada equipo ganador cuenta con una gran cantidad de atletas talentosos dotados de diversos talentos reunidos en un solo equipo. Un cuerpo técnico no puede formar un equipo con corredores de solo 84 kilos, ni con nada más que jugadores de la línea ofensiva de 136 kilos. La combinación adecuada de tamaño y habilidad es vital. Sin embargo, todos los jugadores deben tener una cosa en común: deben aceptar el programa del cuerpo técnico. Tienen que creer en lo que les han enseñado el entrenador principal y su cuerpo técnico.
4. Los intangibles. Los programas ganadores de fútbol universitario dominan lo que llamaríamos los intangibles. Estos equipos crean una atmósfera de disciplina y unión, dos factores vitales para ganar. Vince Lombardi, uno de los mejores entrenadores de fútbol profesional, dijo: «Hay algo bueno en los hombres que de veras anhelan la disciplina». El legendario entrenador de la Universidad de Alabama, Bear Bryant, dijo una vez sobre su éxito: «Solo soy un simple agricultor de Arkansas, pero con el paso de los años he aprendido cómo mantener unido a un equipo. Cómo levantar a algunos hombres, cómo calmar a otros, hasta que por fin fueran, juntos, un solo corazón, un equipo». La unión, muchos corazones trabajando como uno solo, eso es esencial para un equipo ganador.

5. El apoyo de los fanes. En 2002, los Tejanos de Houston ganaron su primer partido contra los Vaqueros de Dallas, convirtiéndose en el primer equipo de fútbol profesional en cuarenta y un años en ganar en su debut como equipo de expansión. Bob McNair, propietario de los Tejanos, construyó el estadio Reliant, con techo retráctil, el cual se puede abrir o cerrar de acuerdo al clima, pero el ruido que cae en cascada sobre el campo es otro beneficio del estadio cerrado. Los ruidosos fanes vitorearon a su nuevo equipo por una inesperada victoria. La expansión de los Tejanos molestó a los Vaqueros establecidos y muy favorecidos, por lo que diría que la ventaja de jugar en casa ayudó.

Todos estos ingredientes deben integrarse en la combinación de un equipo de fútbol ganador. Cuando todos se juntan, el ganador surge al final; solo es cuestión de tiempo. Creo que se pueden aplicar principios similares para construir un equipo ganador en el matrimonio.

Y EN EL EQUIPO DEL MATRIMONIO...

Así como un equipo de fútbol necesita del artífice, del entrenador, de los jugadores, de los intangibles y del apoyo de los fanes para poder ganar, un matrimonio ganador debe colocar todas las piezas adecuadas en su lugar.

1. El Artífice eterno

Formar un equipo de fútbol universitario ganador requiere un compromiso de éxito, comenzando desde lo más alto. Lo mismo es cierto para formar un matrimonio ganador. Tenemos un Artífice que quiere vernos triunfar en nuestros matrimonios incluso más que nosotros.

El profeta Malaquías vivió en una época en que su gente recurría cada vez más al divorcio como una solución para sus males matrimoniales. ¿Te parece conocido? Sabía que esto le disgustaba mucho al Señor, pues Dios quería que los esposos y las esposas funcionaran como una sola unidad. «¿Acaso no hizo el Señor un solo ser, que es cuerpo y espíritu?», preguntó el profeta. «Y ¿por qué es uno solo? Porque busca descendencia dada por Dios. Así que cuídense ustedes en su propio espíritu, y no traicionen a la esposa de su juventud. "Yo aborrezco el divorcio —dice el Señor, Dios de Israel [...]"» (Malaquías 2:15-16, NVI*).

Nuestro Padre celestial diseñó el matrimonio para que fuera una unión perfecta. Aunque la llegada del pecado dañó esa unión, aún podemos construir un equipo ganador, si seguimos las instrucciones del Artífice. Él nos ama y quiere que las parejas casadas reflejen su amor, tanto entre ellos como con quienes los rodean. Con amabilidad, Él nos da más que suficiente sabiduría, comprensión y conocimiento para crear un equipo de matrimonio ganador. Más que eso, nos envió el mejor regalo de amor en nuestro Entrenador Principal, Jesucristo.

2. El entrenador adecuado

Una administración universitaria que quiere construir un equipo de fútbol ganador busca un entrenador que no solo les diga a los jugadores lo que se necesita para ganar, sino que se los muestre con sus propias acciones. No debería sorprendernos que nuestro Entrenador Principal para un equipo de matrimonio ganador sea Jesucristo. Si cada esposo y su esposa se han comprometido con Cristo, Él está en sus vidas de manera personal, y tiene el libro de jugadas.

Nuestro versículo anterior en Proverbios 24 describe lo que Jesús trae al equipo matrimonial: «Con sabiduría se edifica una casa, y con prudencia se afianza» (v. 3). Démosle un vistazo a la sabiduría y la comprensión que nuestro Entrenador aporta a un equipo matrimonial.

La palabra hebrea para *sabiduría* en Proverbios se refiere a la inteligencia práctica. En otras palabras, tenemos conocimiento y confianza al enfrentar las realidades de la vida. La sabiduría de Dios no solo es un asunto teórico, sino el sentido de saber cómo hacer cosas específicas. Dios quiere que sus principios se entiendan y apliquen a nuestra vida cotidiana.

Entonces, no es de sorprenderse cuando Pablo se refiere a Jesús como la «sabiduría de Dios» (1 Corintios 1:30). Cristo es la demostración práctica de la sabiduría de Dios. Él es la sabiduría de Dios con manos y pies.

«Todos los tesoros de la sabiduría y del conocimiento» están en Jesucristo (Colosenses 2:3). Piénsalo de esta manera: Cuando Bear Bryant entró en un campo de fútbol, llevaba en su cabeza todos los «tesoros de la sabiduría y del conocimiento» de la estrategia del fútbol que lo convirtieron en uno de los más grandes y exitosos entrenadores de la historia. Su sola presencia generaba confianza en su equipo y entrenadores asistentes. Confiaban en su sabiduría futbolística.

La asombrosa realidad es que un esposo y una esposa que invitan de manera individual a Cristo a sus vidas tienen «la mente de Cristo» (1 Corintios 2:16). Todos los tesoros de la mente de Cristo están ahora en el espíritu de la persona en la que Él mora. La cuestión es acceder a lo que ya tenemos y ponerlo en práctica.

¿Cómo accedemos a la mente de nuestro Entrenador en nuestro matrimonio? Los jóvenes más exitosos que jugaron para el entrenador Bryant procuraban conocer a su líder lo más cerca posible. Intentaron pensar como el gran entrenador e imaginar de qué manera respondería en una situación determinada. De manera similar, cuanto más caminamos en intimidad con Jesucristo, más se hacen nuestros los tesoros de su sabiduría y conocimiento. Jesús nos dice que esta cercanía con Él debe ser tan fuerte que es como un sarmiento unido a una vid (consulta Juan 15). Incluso, Él hace esta impactante afirmación: «Si permanecen en mí y mis palabras permanecen en ustedes, pidan lo que quieran y les será hecho» (Juan 15:7, RVA-2015).

Qué tremenda promesa. Si Jesús vive en nosotros y nosotros vivimos en Él, sabremos cómo piensa y qué quiere; por lo tanto, le pediremos lo que desea Él. Oraremos conforme a la perfecta voluntad de Dios, y eso es lo que obtendremos.

La clave para que un esposo y una esposa apliquen la sabiduría del Entrenador a su matrimonio es, en primer lugar, recibir a Cristo; y, en segundo lugar, llegar a ser amigo íntimo de Él a través del estudio continuo de su Palabra, la oración y la adoración. Cuanto más prevalezca esa sabiduría en un matrimonio, más crecerá la relación.

Jesús también aporta la comprensión esencial para construir un equipo de matrimonio ganador. La sabiduría, dice Proverbios 24:3, edifica la casa, pero la comprensión la establece. En otras palabras, la comprensión le aporta estabilidad al matrimonio. La sabiduría es la condición, o estado, y la comprensión es su resultado práctico.

Cuando Jesús tenía doce años, acompañó a sus padres a Jerusalén, donde conversó con los líderes del templo. Ellos estaban «asombrados de su entendimiento y de sus respuestas» (Lucas 2:47). La palabra griega para entendimiento proviene de un término que significa «unir las cosas mentalmente». Jesús tenía la capacidad de ver el panorama general, de ver cómo todo encajaba en su lugar. Si hubiera sido un entrenador que diagrama las jugadas, todas sus «X» y «O» habrían funcionado a la perfección en el campo, siempre.

El equipo de marido y mujer que sigue a Jesucristo como su Entrenador del matrimonio obtendrá la comprensión para resistir los inevitables tirones destructivos en un mundo caído como el nuestro.

3. Los jugadores

Algunos entrenadores son mejores que otros para obtener lo mejor de sus jugadores. Los entrenadores ganadores no solo encuentran jugadores talentosos para sus programas, sino que también desarrollan de forma adecuada a estos atletas a fin de que rindan al máximo de su potencial. Algunos entrenadores parecen tener la extraña habilidad de encontrar jugadores talentosos, pero pasados por alto, y convertirlos en superestrellas.

Dios nos ha reclutado como jugadores para los propósitos de su reino. Cuando permitimos que Jesucristo sea nuestro Entrenador, Él puede tomar nuestros talentos y habilidades más comunes y hacer cosas extraordinarias con ellos. Sin Cristo de nuestro lado, no podemos hacer nada. En cambio, con Cristo de nuestro lado, tenemos todo el talento que necesitamos para construir un equipo matrimonial ganador.

Sin embargo, al igual que muchos jugadores, necesitamos charlas motivadoras. Necesitamos escuchar que podemos hacerlo, incluso cuando somos dos perdedores en la anotación. Un buen entrenador nunca deja que su equipo piense como un perdedor. Jamás permite que las palabras «no se puede» se conviertan en parte del vocabulario de sus jugadores. Tampoco lo permitirá nuestro Señor.

Tendemos a seguir el ejemplo de Moisés, que presentó todas y cada una de las excusas cuando Dios lo comisionó para sacar del cautiverio al pueblo de Israel. Mientras Moisés dijo: «¿Quién soy yo para que me pidas que haga esto?», tendemos a decir: «Lo he intentado todo para nuestro matrimonio, ¿qué más puedo hacer?». Mientras Moisés dijo: «No soy un gran orador», a veces nos quejamos: «Mi cónyuge y yo no nos comunicamos bien». Mientras Moisés dijo: «No tengo la fuerza que se necesita para hacer esa tarea», nosotros decimos: «No creo que tenga la energía emocional para seguir trabajando en este matrimonio».

¿Y cuál es la respuesta de Dios? «¡Puedes hacerlo, porque yo voy contigo!». O como dijera el apóstol Pablo: «Todo lo que puedo en Cristo que me fortalece» (Filipenses 4:13). Debido a que Él los eligió a ti y a tu pareja, los dos tienen todo el talento que necesitan para convertirse en un equipo ganador. Es más, con el Señor obrando en ustedes, haciendo los cambios y ajustes necesarios desde adentro, ¡no hay nada que no puedan hacer!

4. Los intangibles

Al igual que cada equipo de fútbol ganador necesita desarrollar a los intangibles, las pequeñas cosas que hacen a un ganador, también la necesita desarrollar todo matrimonio ganador. Entonces, ¿qué intangibles pueden ayudar a un matrimonio a construir una tradición ganadora? Permíteme comenzar con lo que considero más importante.

El primer intangible es el *establecimiento de objetivos*. Una pareja tiene que establecer objetivos a largo plazo, así como objetivos a corto plazo. Cuando les pregunté a las parejas sobre sus objetivos matrimoniales, escuché algunas respuestas contundentes. «En este momento», me han dicho algunos, «solo estamos trabajando para perseverar y permanecer juntos». Como objetivo a corto plazo, eso no está mal; pero para construir un equipo matrimonial ganador, necesitamos objetivos a largo plazo.

Tal vez el único objetivo indispensable a largo plazo sea convertirse en la clase de amantes que se amarán el uno al otro como nos ama Dios, hasta que la muerte nos separe. ¿Te parece eso un amor irracional, incondicional y sobrenatural, un amor que da y da, y da un poco más? Supongo que sí. Entonces, ninguna otra cosa será suficiente.

> El compromiso exige perseverancia, pues ningún programa ganador goza de un historial ininterrumpido de éxito.

El segundo intangible es el *compromiso*. Los equipos de fútbol que cuentan con un artífice brillante, un gran entrenador y jugadores de talento no lograrán mucho sin el compromiso de ganar. Lo mismo es cierto con nuestros matrimonios. El compromiso significa que uno se ciñe al programa, incluso a lo largo de los años. El compromiso significa que tú buscas constantemente mejores maneras de hacer lo que hay que hacer. El compromiso significa que desarrollas una visión para el futuro y que perseveras para que esa visión se haga realidad.

El compromiso exige perseverancia, pues ningún programa ganador goza de un historial ininterrumpido de éxito. Ningún equipo queda invicto año tras año, década tras década. Nuestros equipos matrimoniales necesitan desarrollar la clase de perseverancia descrita por el escritor de Hebreos:

> Ustedes necesitan perseverar para que, después de haber cumplido la voluntad de Dios, reciban lo que él ha prometido. Pues dentro de muy poco tiempo, «el que ha de venir vendrá,

y no tardará. Pero mi justo vivirá por la fe. Y, si se vuelve atrás, no será de mi agrado». Pero nosotros no somos de los que se vuelven atrás y acaban por perderse, sino de los que tienen fe y preservan su vida. (10:36-39, NVI*)

¿Quieres ser parte de un equipo ganador en el matrimonio? Entonces, debes hacer la clase de compromiso que conduce a la perseverancia.

El tercer intangible es la *disciplina*. Se necesita disciplina para construir un equipo de matrimonio ganador. Para correr la carrera de la vida, Pablo dijo: «Pongo mi cuerpo bajo disciplina» (1 Corintios 9:27, RVA-2015). La idea detrás de la palabra griega que Pablo usa es la de someter o controlar las pasiones. Si entrenas, te disciplinas.

En el matrimonio, es importante desarrollar disciplinas que rijan la forma en que la pareja toma decisiones, el modo en que el esposo y la esposa se encargan de sus hijos en unidad, la manera en que estructuran y gastan el presupuesto familiar, la actitud en que resuelven los conflictos, así como disciplinas en muchas otras esferas. Y los hijos de tal matrimonio aprenden la importancia del dominio propio a través del ejemplo de sus padres.

El cuarto intangible es la *unión*. Eclesiastés señala el valor práctico de la unión. Lee de nuevo Eclesiastés 4:9-11 y observa el resultado de trabajar juntos.

En primer lugar, un esposo y una esposa que trabajen juntos «tendrán mejor remuneración por su trabajo» (v. 9). Literalmente, «remuneración» significa «compensación». Los esposos y las esposas que funcionan como una unidad en la toma de decisiones tienen una mayor recompensa en términos de decisiones bien consideradas y sólidas.

En segundo lugar, en un matrimonio en el que el esposo y la esposa trabajan juntos, hay un constante aliento mutuo. Si uno se cae, el otro está allí para levantar al cónyuge. Si el esposo cae en la duda y la pérdida de confianza, la esposa, en semejante relación, será sensible a la difícil situación de su pareja y lo alentará. Si la esposa concluye que es un fracaso, su compañero de equipo le ofrece tranquilidad. Juntos, el esposo y la esposa, se edifican continuamente el uno al otro.

En tercer lugar, en un matrimonio caracterizado por la unión, las parejas estarán *calientes*. En este pasaje, la palabra hebrea para calientes significa, entre otras cosas, «inflamado». Esto es mucho más que proporcionar calor físico. Un matrimonio unido ofrece pasión, entusiasmo y aliento mutuo. El esposo y la esposa buscan oportunidades para darse palmaditas en la espalda, y reconocer los logros y éxitos.

Según el versículo 12, hay un cuarto beneficio en la unidad del matrimonio: la fuerza. «Y si alguien puede prevalecer contra el que está solo, dos lo resistirán. Un cordel de tres hilos no se rompe fácilmente». El estrés del mundo exterior ejerce una influencia sobre los cónyuges, amenazando con separarlos. El dinero, los trabajos, las tentaciones, los papeles de género y las expectativas son parte de esta fuerza que tira de la unión de un esposo y una esposa. Se requiere un poder mayor que todos estos en el núcleo del matrimonio para ejercer una fuerza magnética tan fuerte que no se logre superar.

Eso es lo que sucede cuando una pareja pone a Dios en el centro de su relación. Su fuerza en el centro del matrimonio es tan grande que la relación no puede separarse, sin importar cuán grande sea el estrés.

5. Los fanes

El apoyo de los fanes es tan necesario para un equipo de matrimonio ganador como para un equipo atlético. En el matrimonio, ese apoyo proviene del estímulo de la familia, los amigos, los hijos, los compañeros de trabajo y de la familia de la iglesia.

Hebreos 12 describe una «gran nube de testigos» que anima al pueblo de Dios en su carrera en este mundo caído (v. 1). Estos testigos nos animan a dejar a un lado los obstáculos que nos impiden correr una carrera victoriosa y a hacerlo con resistencia. Entonces, en un matrimonio, los fanes pueden alentar a un esposo y una esposa en su relación ganadora. Eso significa que es importante que una pareja elija amigos que brinden tal apoyo positivo.

Hace unos años, mientras estaba en París, recuerdo haber visto la majestuosa catedral de Notre Dame. La estructura recibe apoyo de sus famosos contrafuertes adosados al exterior de los muros. Estos enormes puntales de piedra ejercen una fuerza externa sobre la catedral y la sostienen para que no se derrumbe. Así que en un matrimonio, el apoyo del exterior intensifica la unidad del interior.

Eso nos lleva de regreso a Priscila y Aquila y su fuerte matrimonio. Recibieron el apoyo externo en la persona del apóstol Pablo y de los cristianos que se reunían en su casa como iglesia. Ya fuera en Corinto, Éfeso o Roma, recibían fuerza y ánimo tanto en forma individual como en su relación matrimonial a través de su comunión con los seguidores de Jesús.

Los esposos y las esposas de hoy deben tener un tipo similar de fanes para construir un equipo de matrimonio ganador. Esto requiere de maestros que ministren la Palabra de Dios, junto con otros creyentes que lideren los vítores. Todo esto llega a los cónyuges a través de las reuniones semanales de la iglesia y también a través de pequeños grupos, clases y otros elementos de una iglesia próspera.

EL PAPEL DE LA DETERMINACIÓN Y DEL COMPROMISO

Todo el apoyo del mundo será inútil sin la firme determinación y el compromiso apasionado de parte de un esposo y una esposa para desarrollar un equipo de matrimonio ganador.

Kathleen Kauth atravesó el vestíbulo de un hotel en Portland, Oregón, y miró las imágenes de televisión. Un escalofrío recorrió su cuerpo. Acababa de aterrizar en una escala después de un agotador vuelo desde China, donde jugó con el equipo de hockey femenino de Estados Unidos.

La fecha era el 11 de septiembre de 2001.

Kathleen no podía apartar la vista de las horribles imágenes de la pantalla de las torres en llamas del Centro Mundial de Comercio de Nueva York. Lo que le paralizó en especial su corazón fue saber que su padre, Donald, trabajaba como analista bancario en una de las torres. Todo ese día esperó ansiosamente una llamada telefónica de su padre que nunca llegó. Murió en el ataque.

Entonces, solo quince días después de la pérdida de su padre, Kathleen inspiró a su equipo con su compromiso. Volvió a patinar sobre el hielo, decidida a ganar un puesto en el equipo olímpico de los Estados Unidos. «Eso es lo que mi padre hubiera querido», les dijo a sus amigas. Sus compañeras de equipo estuvieron de acuerdo.

«Creo que este fue el primer paso para unir de veras a este equipo», dijo la delantera Krissy Wendell. «En realidad, unió a este equipo».

«Nos necesitamos unos a otros y ser fuertes el uno para el otro», dijo otra. «Ahora, nos necesitamos más que nunca»[3].

El ejemplo de Kathleen revela un ciclo dinámico. Su pasión resultó en un compromiso y determinación que inspiró lo mismo en sus compañeras de equipo. Cualquier equipo puede tener los mejores entrenadores y estrategias, y el más entusiasta de los fanes. En cambio, sin pasión, compromiso y determinación, ese equipo perderá.

TRABAJAR JUNTOS PARA GANAR

Pocos podrían argumentar que Vince Lombardi, famoso entrenador de los *Green Bay Packers* [Empacadores de la Bahía Verde], estableció el estándar para los equipos del campeonato mundial. El codiciado trofeo del *Super Bowl* lleva su nombre. Sin duda, Lombardi sabía cómo ganar. Una vez dijo: «El trabajo en equipo es lo que eran los *Green Bay Packers*. No lo hicieron por la gloria individual. Lo hicieron porque se amaban unos a otros»[4]. El entrenador del Salón de la Fama sabía que ganar se trataba del equipo.

Creo que Priscila y Aquila habría estado de acuerdo con la opinión de Lombardi sobre el trabajo en equipo. Habrían sonreído al escucharle decir. «Las personas que trabajaban juntas ganarán, ya sea contra las complejas defensas del fútbol o los problemas de la sociedad moderna»5. Creo que habrían asentido con la cabeza, se habrían tomado de las manos, se habrían mirado a los ojos y habrían dicho al unísono: «Eso es cierto, entrenador. Sin embargo, es igual de cierto en el matrimonio».

¿Quieren ganar en el matrimonio? Dios creó cada matrimonio para ser un equipo ganador. Si en su propio matrimonio aplican con sabiduría los principios de Él para el éxito, no solo pueden ser una bendición para los demás, sino para el mundo que los rodea.

REFLEXIONES SOBRE TU RELACIÓN

1. Si tu matrimonio fuera un equipo de fútbol americano universitario, ¿dónde estaría clasificado?

    - Estamos entre los cinco primeros, compitiendo por el campeonato.
    - Estamos entre los diez primeros, perdidos de vez en cuando, pero somos un equipo ganador.
    - Ganamos algunos, perdemos otros, pero podríamos ser mucho mejores.
    - Estamos perdiendo más de los que ganamos; no dejamos que el Entrenador nos guíe en el día a día de nuestro matrimonio.

2. ¿En qué aspectos tu compañero de equipo necesita un poco de entrenamiento? ¿Qué me dices de ti?
3. ¿Cómo tu familia y tus amigos le brindan el apoyo como fanes a tu matrimonio?
4. ¿Cuál es la mayor fortaleza del equipo de tu matrimonio?

UN COMENTARIO FINAL

Bueno, espero haber logrado mis dos objetivos con este libro. Mis objetivos eran convencerte de que puedes tener un matrimonio excelente, y desafiarte a hacer lo que sea necesario para lograrlo.

Mientras trataba de pensar en un matrimonio que pudiera resumir el tipo de amor, diversión, afecto y compromiso que resultan de poner en práctica estos diez principios del matrimonio, tenía que volver a una historia que escuché hace años. Se trata de una pareja a la que llamaré David y Sara.

Habían estado casados durante cincuenta años. David y Sara estaban tan enamorados que... se acariciaban, se reían, bromeaban y jugaban. Desde los primeros días de su relación, hicieron un pequeño juego loco que nadie entendía. Escribían una palabrita graciosa en una hoja de papel y la escondían en diferentes lugares de la casa. La palabra era *MICTA* [por el significado del acrónimo SHMILY en inglés].

Hubo veces en las que Sara miraba en la azucarera, y allí estaba: MICTA. David, al salir de la ducha, la veía escrita en el espejo empañado: MICTA. Una vez, Sara desenrolló un rollo entero de papel higiénico y la escribió en la última hoja: MICTA.

Jugaron este juego toda su vida de casados. Sus hijos conocían el juego, pero nadie sabía lo que significaba MICTA. ¡Ni siquiera estaban seguros de cómo pronunciarlo!

No mucho después de su cincuenta y dos aniversario de bodas, los médicos le diagnosticaron cáncer a Sara. Ella luchó contra la enfermedad durante casi diez años. Todos se maravillaban al ver a esta pareja mantenerse unida a través de todo. Y siempre continuaron su juego MICTA. Entonces, un día, Sara murió.

El funeral fue un momento glorioso para celebrar su maravillosa vida, pero estuvo teñido de tristeza. Los hijos, los nietos y hasta ahora los bisnietos vieron a David decirle adiós a su amada esposa, su compañera de equipo durante más de sesenta años.

El silencio reinaba en el camino al cementerio. Cuando llegaron al lado de la tumba, todos notaron la gran cinta rosa en el ataúd, y allí estaba, en letras grandes en la cinta: ¡MICTA! Vieron como él se acercaba al ataúd y, con una voz suave y profunda, comenzó a cantarle. La familia, a la vez, se tomó de las manos y comenzó a llorar.

Casi todos se alejaron en silencio para que él pudiera pasar un momento a solas. Sin embargo, una de sus nietas, una joven adolescente, se quedó. Ella se le acercó y le tomó de la mano.

«Abuelo», dijo. «¿Qué significa MICTA?».

David la miró a los ojos y, con una tierna sonrisa, respondió: «MICTA significa Mira cuánto te amo»

¿Cuánto debemos amar a nuestro cónyuge? Tanto como Cristo ama a la Iglesia. Recordemos y practiquemos el mandato de Efesios 5:25-27: «Esposos, amen a sus esposas, así como Cristo amó a la iglesia y se entregó por ella para hacerla santa. Él la purificó, lavándola con agua mediante la palabra, para presentársela a sí mismo como una iglesia radiante, sin mancha ni arruga ni ninguna otra imperfección, sino santa e intachable» (NVI*).

RECONOCIMIENTOS

Permítanme expresarles mi agradecimiento a algunas personas muy especiales: mi equipo de redacción. En primer lugar, a Steve Halliday, autor, editor y amigo talentoso, quien realizó la difícil tarea de transformar mis palabras habladas en escritas. Su adición de ideas, ilustraciones y otros materiales apropiados mejoraron la presentación original de estos mandamientos matrimoniales en el libro que tienes ante ti. He tenido el privilegio de trabajar con Steve en otros proyectos y puedo decir sin lugar a dudas que «aporta mucho». ¡Gracias, Steve!

También quiero agradecer a Wallace Henley, quien ayudó con su vasta experiencia acerca del ministerio y del liderazgo cívico. Su comprensión de lo secular y sus efectos sobre lo sagrado les añadió profundidad a muchos de los capítulos. En la actualidad, Wallace sirve como uno de mis asociados y también ha contribuido con una gran riqueza de conocimiento y sabiduría a nuestro ministerio.

Gracias también a mi asistente administrativa, Beverly Gambrell. Sirvió como mi enlace durante el proyecto y, además, pasó un tiempo ajustando el manuscrito y soportando mis cambios de último minuto. Sin embargo, me considero parte de su familia, ¡así que ya está acostumbrada!

Sería negligente si no dedicara un momento para agradecerles también a los muchos hombres y mujeres que han escrito excelentes obras sobre el matrimonio. A través de los años he acumulado una gran cantidad de información de estos autores y oradores destacados.

También quiero agradecerles a mis «predicadores». Escucho y leo de muchas fuentes, pero algunas de las más frecuentes son mis amigos Chuck Swindoll, Jerry Vines, Bill Hybels y mi propio hijo Ed. Todo predicador necesita un predicador, y agradezco a estos y a muchos otros que me inspiran y edifican. He cosechado de su sabiduría y consejo, y por eso estoy muy agradecido.

Por último, deseo expresar mi agradecimiento personal a mi familia de Moody Publishers.

LECTURAS SUGERIDAS

Gary Chapman, *El enojo: Cómo manejar una emoción poderosa de una manera saludable* (Editorial Portavoz).

Gary Chapman, *Los 5 lenguajes del amor: El secreto del amor que perdura* (Unilit).

Gary Chapman, *El matrimonio que siempre ha deseado* (Editorial Portavoz).

Gary Chapman, *Lo que me hubiera gustado saber antes de casarme* (Kregel Publications).

Gary Chapman y Jennifer Thomas, *Cuando decir lo siento no es suficiente: Cómo disculparse de manera eficaz* (Kregel Publications).

Tim y Joy Downs, *One of Us Must Be Crazy ... and I'm Pretty Sure It's You* (Moody).

Jerry B. Jenkins, *Cercas: Ama tu matrimonio lo suficiente como para protegerlo* (Vida).

Timothy Keller, *El significado del matrimonio: Cómo enfrentar las dificultades del compromiso con la sabiduría de Dios* (B&H Español).

Fred Lowery, *Covenant Marriage: Staying Together for Life* (Howard).

Mike Mason, *El Misterio del matrimonio: Meditaciones del milagro matrimonial*, edición del 20.° aniversario (Vida).

Dennis y Barbara Rainey, *Reconstruyendo la autoestima de pareja* (Editorial Clie).

Gary y Barbara Rosberg, *Las 5 necesidades sexuales de hombres y mujeres* (Tyndale Español).

Ashleigh Slater, *Team Us: Marriage Together* (Moody).

Charles Swindoll, *Strike the Original Match* (Tyndale).

Gary Thomas, *Matrimonio sagrado* (Vida).

Walter Wangerin, *As for Me and My House: Crafting Your Marriage to Last* (Thomas Nelson).

Ben Young y Samuel Adams, *The One: A Realistic Guide for Choosing Your Soul Mate* (Thomas Nelson).

NOTAS

Introducción: Diez principios para un matrimonio exitoso
1. Dallas Willard, *Renueva tu corazón*, Editorial Clie, Terrassa, Barcelona, España, 2004, p. 28.

Primer mandamiento: No serás egoísta
1. Pew Research, «Social and Demographic Trends: Millennials in Adulthood», Pew Research Center, 7 de marzo de 2014; http://www.pewsocialtrends.org/2014/03/07/millennials-in-adulthood; consultado el 7 de abril de 2014.
2. Gary Thomas, *Matrimonio sagrado*, Vida, Miami, FL, 2011, p. 22.
3. Diccionario de la lengua española; https://dle.rae.es/egocentrismo?m=form.
4. Dorothy G. Singer y Tracey A. Revenson, *A Piaget Primer: How a Child Thinks*, edición revisada, Plume, Nueva York, 1996, pp. 85–87.
5. Kendra Cherry, «Piaget's Stages of Cognitive Development», Psychologyabout.com; http://psychology.about.com/od/piagetstheory/a/keyconcepts.htm; consultado el 7 de marzo de 2014.
6. *The 365 Stupidest Things Ever Said calendar*, martes, 24 de octubre de 2000, Workman Publishing.
7. John Piper, *Sed de Dios*, Publicaciones Andamio, Barcelona, España, 2001, p. 234.
8. Mike Baker, «Billy Graham's Wife Ruth Dies at 87», Washington Post, 14 de junio de 2007, The Associated Press.

Segundo mandamiento: No tendrás ataduras
1. Génesis 2:24; Mateo 19:5; Marcos 10:7-8; 1 Corintios 6:16; Efesios 5:31.
2. Amy Dickinson, «Take a Pass on the Postnup», *Time*, 23 de julio de 2001, p. 73.

Tercer mandamiento: No dejarás de comunicarte nunca
1. United States Department of Labor, Bureau of Labor Statistics, *American Time Use Survey*, 20 de junio de 2013; http://www.bls.gov/news.release/atus.nr0.htm.
2. Nielsen, «How Americans Are Spending Their Media Time and Money»," Nielsen Cross Platform Report, 9 de febrero de 2012; http://

www.nielsen.com/us/en/newswire/2012/report-how-americans-are-spending-their-media-time-and-money.html; consultado en enero de 2014.
3. *Ibidem*.
4. Jill Manning, «Hearing on pornography's impact on marriage & the family», U.S. Senate Hearing: Subcommittee on the Constitution, Civil Rights and Property Rights, Committee on Judiciary, 10 de noviembre de 2005; http://www.judiciary.senate.gov/imo/media/doc/manning_testimony_11_10_05.pdf; consultado el 27 de diciembre de 2012.
5. *Ibidem*.
6. Anna Miller, «Can This Marriage Be Saved?», American Psychological Association, 44, n.° 4, abril de 2013, p. 42; https://www.apa.org/monitor/2013/04/marriage.aspx; consultado el 18 de enero de 2014.
7. «A.C.M.E. History of Better Marriages», según se cita en la internet en http://www.bettermarriages.org/?historyofacme; consultado el 5 de julio de 2014.
8. Por ejemplo, John Powell observa cinco niveles de comunicación entre dos personas. Ver su trabajo citado en Jack y Carole Mayhall, *Marriage Takes More than Love*, NavPress, Colorado Springs, 1978, p. 88.
9. William Harms, «Couples Sometimes Communicate No Better than Strangers, Study Finds», *U Chicago News*, 20 de enero de 2011; http://news.uchicago.edu/article/2011/01/20/couples-sometimes-communicate-no-better-strangers-study-finds; consultado el 11 de febrero de 2014.
10. *Ibidem*.
11. Gary D. Chapman, *Los 5 lenguajes del amor*, Unilit, Miami, FL, 2011.
12. Según lo recuerda el autor, y lo refuerza William Lobdell, «Cougar's Victim Won't be "Prisoner of the Drama"», *Los Angeles Times*, 15 de mayo de 2008.

Cuarto mandamiento: Harás del conflicto tu aliado
1. John M. Gottman, *Siete reglas de oro para vivir en pareja*, Penguin Random House Grupo Editorial, Nueva York, 1999, p. 46.

Quinto mandamiento: Evitarás las arenas movedizas del materialismo
1. Investigaciones Pew, «Social and Demographic Trends: Millennials in Adulthood», Centro de Investigaciones Pew, 7 de marzo de 2014; http://www.pewsocialtrends.org/2014/03/07/millennials-in-adulthood; consultado el 7 de abril de 2014.
2. Russel D. Crossan, presentation at Focus on the Family Physicians Conference, noviembre de 1998, Clearwater, Florida.

3. Oficina para la Protección Financiera del Consumidor de los Estados Unidos, «¿Cómo puedo obtener y mantener un buen puntaje de crédito?», 22 de mayo de 2017; https://www.consumerfinance.gov/es/obtener-respuestas/como-puedo-obtener-y-mantener-un-buen-puntaje-de-credito-es-318/; consultado el 15 de marzo de 2014.
4. «J. Paul Getty Dead at 83», *The New York Times*, 6 de junio de 1976.
5. Consulta de George M. Bowman, *How to Succeed with Your Money*, Moody, Chicago, 1960; y de George Fooshee, *You Can Be Financially Free*, Revell, Old Tappan, NJ, 1976.
6. James Patterson y Peter Kim, *The Day America Told the Truth*, Prentice Hall, Nueva York, 1991, p. 66.
7. Ed Young, *Fatal Distractions*, Nelson, Nashville, TN, 2000.

Sexto mandamiento: Huirás de la tentación sexual, en línea y de otra manera
1. Gallup, «Most in U.S. Want Marriage, But Its Importance Has Dropped», Gallup Organization, 2 de agosto de 2013; http://www.gallup.com/poll/163802/marriage-importancedropped.aspx; consultado el 16 de abril de 2014.
2. Robert Rector, «El matrimonio es la mejor arma de América contra la pobreza infantil», Fundación Heritage, informe especial 117, 5 de septiembre de 2012; http://libertad.org/opinion/el-matrimonio-es-la-mejor-arma-de-america-contra-la-pobreza-infantil/2011/04/; consultado el 1 de marzo de 2014.
3. «Forecast 2000», informe de Gallup Organization, Princeton, NJ; según citó en William J. Bennett, *Index of Leading Cultural Indicators*, Empower America, Washington, 2001, p. 56.
4. *Ibidem*.
5. Lisa Beamer, «It's the Day's Very Darkness That Lights Our Path», *Houston Chronicle*, 10 de marzo de 2002, 3c–5c.
6. La historia de Lewis la escuché hace años, aunque no recuerdo la fuente.

Octavo mandamiento: Mantendrás el romance en tu hogar
1. Robert Browning, «Rabbi Ben Ezra», *Dramatis Personae*, Chapman & Hall, Londres, 1864, sin lugar.
2. Annette P. Bowen, *Focus on the Family*, febrero de 1989, p. 8.
3. Kay Kuzma, «Celebrating Marriage», *Family Life Today*, mayo/junio de 1986, p. 14.
4. Bill y Nancie Carmichael, y Dr. Timothy Boyd, «Paving the Way to Intimacy», *Virtue*, marzo/abril de 1988, p. 16.

5. Kenneth S. Kantzer, «The Freedom of Jealousy», *Christianity Today*, 21 de octubre de 1988, p. 11.
6. Nathaniel Branden, «Advice That Could Save Your Marriage», *Reader's Digest*, octubre de 1985, p. 27.
7. Elizabeth Cody Newenhuyse, «Train Up a... Spouse?», *Today's Christian Woman*, marzo/abril de 1989, p. 32.
8. Christina Ng, «Iowa Couple Married 72 Years Dies Holding Hands, an Hour Apart», *ABC News*, 19 de octubre de 2011; http://abcnews.go.com/US/iowa-couple-married-72-years-diesholding-hands/story?id=14771029; consultado en abril de 2014.

Noveno mandamiento: Comenzarás una y otra vez
1. T.L. Haines y L.W. Yaggy, The Royal Path of Life, Eastern Publishing, 1880, Filadelfia, s.l.
2. Adaptado de David Ferguson y Don McMinn, *Top 10 Intimacy Needs*, un folleto publicado por Intimacy Press for the Center of Marriage and Family Intimacy, Austin, Texas, pp. 23–35.
3. «The Hug»; fuente desconocida.

Décimo mandamiento: Construirás un equipo ganador
1. Francis Fukuyama, *La confianza*, Ediciones B, Barcelona, España, 1998, p. 5 (del original en inglés).
2. Según se cita en William Bennett, *Index of Leading Cultural Indicators*, Empower America, Washington, 2001, p. 55.
3. Damián Cristodero, «Determination after Tragedy Bonds Team», *St. Petersburg Times*, 21 de octubre de 2001, 7C.
4. Según se cita en el internet en http://www.vincelombardi.com/quotes/teamwork.html; consultado el 17 de enero de 2003.
5. *Ibidem*.